10.000 RAZÕES

PREFÁCIO POR MAX LUCADO

10.000 RAZÕES

HISTÓRIAS DE FÉ, ESPERANÇA E GRATIDÃO INSPIRADAS PELA ADORAÇÃO

MATT REDMAN
E CRAIG BORLASE

Vida

Vida

EDITORA VIDA
Rua Conde de Sarzedas, 246 – Liberdade
CEP 01512-070 – São Paulo, SP
Tel.: 0 xx 11 2618 7000
atendimento@editoravida.com.br
www.editoravida.com.br

Todos os grifos são do autor.

■

Todas as citações bíblicas e de terceiros foram
adaptadas segundo o Acordo Ortográfico da
Língua Portuguesa, assinado em 1990,
em vigor desde janeiro de 2009.

Editor responsável: Gisele Romão da Cruz
Editor-assistente: Marcelo Martins
Tradução: Maria Emília de Oliveira
Revisão de tradução: Andrea Filatro
Revisão de provas: Josemar de Souza Pinto
Diagramação: Claudia Fatel Lino
Capa: Arte Peniel (adaptado)

1. edição: fev. 2019

Dados Internacionais de Catalogação na Publicação (CIP)
(Câmara Brasileira do Livro, SP, Brasil)

Redman, Matt
10.000 razões : histórias de fé, esperança e gratidão inspiradas pela adoração / Matt Redman & Craig Borlase ; [tradução Maria Emilia de Oliveira]. -- São Paulo : Editora Vida, 2019.

Título original: *10.000 Reasons : Stories of Faith, Hope, and Thankfulness Inspired by the Worship Anthem*
ISBN 978-85-383-0385-5

1. Esperança - Aspectos religiosos - Cristianismo 2. Fé 3. Música gospel - História e crítica 4. Vida cristã I. Borlase, Craig. II. Título.

18-23074 CDD-782.254

Índices para catálogo sistemático:
1. Música gospel : Gênero musical : Mercado de música 782.254
Cibele Maria Dias - Bibliotecária - CRB-8/9427

Este livro é dedicado a Beth, a minha admirável e inspiradora esposa, e aos meus filhos Maisey, Noah, Rocco, Jackson e Levi. Adoro a aventura de permanecermos unidos, graças a músicas como essa. Agradeço a vocês por tornarem os momentos difíceis mais toleráveis e os momentos divertidos mais felizes ainda. Eu os amo muito. Agradeço também a Jonas por ser um amigo magnífico e um fantástico compositor e parceiro. Você faz parte de todas as histórias de fé apresentadas neste livro.

Sumário

Prefácio

Em tempos normais, o rio Blanco caminha sinuosamente através do sul do Texas como uma tarde de verão sonolenta. Porém, de vez em quando, ele se torna violento. Pergunte a Jonathan McComb. Na mente dele, de sua família e de seus amigos, aquele seria um fim de semana pacífico para descansar e comemorar o Memorial Day.[1] Mas o rio tinha outros planos.

Com a chegada das chuvas da primavera, o rio transbordou mais de 13 metros acima de suas margens, varrendo tudo pela frente na noite escura. Jonathan foi pego praticamente desprevenido e não teve tempo de se preparar. A casa ribeirinha na qual ele vivia foi arrancada do alicerce e levada rio abaixo com os moradores dentro, colidindo com pontes e árvores e destruindo muros pelo caminho. Em poucos minutos, tudo o que havia na casa foi violentamente reduzido a um único colchão. Um a um, Jonathan viu seus amigos, a esposa e os filhos perderem a batalha.

Quando conseguiu agarrar-se a uma árvore para tentar chegar à margem, uma tragédia indescritível havia devastado a vida de Jonathan. Depois de alguns dias, ele se colocou diante de uma igreja lotada para prestar homenagem póstuma à esposa e aos dois filhos. Entre outras músicas, ele escolheu "10.000 razões", de Matt Redman.

1 Feriado nacional dos EUA que acontece anualmente na última segunda-feira de maio e homenageia os militares norte-americanos mortos em combate. [N. do R.]

A história de Jonathan é apenas uma entre centenas de outras já vividas e de milhares que ainda virão. O hino será uma bênção a outras gerações até a volta do nosso Salvador. O motivo é simples: a gratidão em meio ao sofrimento é o remédio mais eficaz. Nada, nada mesmo, é capaz de animar um coração angustiado como um sincero "Bendiga o Senhor". É por esse motivo que a música de Matt terá longa duração.

Posso sugerir outra razão? O próprio Matt. Ele é a pessoa mais bondosa e mais gentil que a Inglaterra já produziu. Uma conversa com ele nunca é suficiente. Ele consegue transmitir a sensação de que você é o único ser humano do Planeta. Nunca está com presa. Nunca se impacienta. Preocupa-se sinceramente com as pessoas que ouvem suas músicas.

Matt preocupou-se com Jonathan. Ele e eu havíamos participado de um evento no Madison Square Garden em Nova York. O concerto já havia terminado, mas a plateia superlotada continuou a aplaudir em pé enquanto eu conduzia Jonathan pelos corredores da arena. Ele havia voado do Texas na esperança de ouvir Matt e agradecer-lhe pela música. Permaneci a alguns metros de distância, observando o vaqueiro magricela do Texas contar sua história ao bondoso britânico. Os olhos de Matt se arregalaram e depois se umedeceram ao ouvir Jonathan descrever a inundação, a perda e o funeral.

A música havia produzido efeito em mais uma vida.

O livro que você tem em mãos contém uma coleção de histórias semelhantes. Ao lê-las, agradeça pela música, pelo autor e, acima de tudo, pelo Salvador que inspirou este livro.

Ele certamente o inspirou.

Max Lucado

Agradecimentos

Craig — você é um verdadeiro artesão. Adoro a maneira com que você briga com as palavras para contar cada história da melhor maneira possível. Adoro também ver que aqueles velhos amigos da escola decidiram unir-se para fazer algo semelhante depois de tantos anos.

Kyle e a equipe de David C. Cook — obrigado por terem alavancado esta ideia e pela excelente parceria neste projeto.

Um agradecimento enorme ao meu generoso amigo Max Lucado pelo prefácio. Seu coração pastoral sempre brilha em tudo o que faz.

Também, um enorme agradecimento aos muitos adoradores que, com seu entusiasmo, contribuíram com histórias para este livro. Adoro ver como a música "10.000 razões" se tornou um caminho para vocês exibirem seu belo coração de adoradores de Cristo.

Bendiga o Senhor, ó minha alma
Ó minha alma
Adore seu santo nome
Cante como nunca cantou
Ó minha alma
Eu adoro o teu santo nome

Prólogo

O momento

Os compositores amam o *momento*. É o ponto na vida de uma música no qual parece haver uma convergência de tudo. É aquele instante em que todas as emoções intangíveis que você está sentindo são perfeitamente destiladas, e a música começa a preencher o silêncio de forma invisível. É a sensação de que os ossos secos estão começando a juntar-se e, de repente, a música cria vida própria.

Às vezes, a chegada do *momento* exige tempo, trabalho árduo e grande esforço — uma batalha pela vida da música enquanto lutamos com a verdadeira essência daquilo que queremos transmitir. Em outras ocasiões, ele chega com mais facilidade — uma entrada não anunciada e tão bela que pega o nosso coração completamente de surpresa. Seja a luta como for, longa e difícil ou uma descoberta mais simples, os compositores estão sempre aguardando, na esperança de que o *momento* esteja prestes a chegar.

A música "10.000 razões" nasceu nas horas tardias de uma noite. Depois de um longo dia compondo com o meu amigo Jonas no sul da Inglaterra, a música surgiu sem grande esforço. Houve algo lindo a respeito da simplicidade de seu nascimento — um caso sem complicações de "quatro acordes e a verdade".

À medida que os *momentos* prosseguiam, aquela se tornou uma boa música.

Havia, porém, algo mais no caminho. Por mais agradável que seja compor uma música simples como essa à meia-noite, nunca se sabe realmente em que ela se transformará ou até aonde chegará um dia. E assim, "10.000 razões" foi muito além do esperado e alcançou lugares onde nenhuma outra música da qual fui coautor havia chegado.

Tenho experimentado a alegria de dirigir "10.000 razões" em muitos lugares diferentes: locais mundialmente famosos como o Abbey Road Studios, o Madison Square Garden e o Red Rocks; e edifícios históricos como a Catedral de Canterbury e o Royal Albert Hall.

Um dos pontos mais altos foi cantar na Times Square totalmente lotada, em companhia do famoso evangelista Luis Palau. Eu tinha apenas 10 anos de idade quando entreguei a vida a Cristo durante um encontro em massa conduzido por Luis em um estádio de futebol em Londres. Jamais sonhei que trinta anos depois eu estaria ao lado dele em um palco no coração de Nova York, dirigindo essa música e tendo o privilégio de apresentá-la à multidão ao redor. Foi um dos meus momentos favoritos como líder de louvor: cantar ao lado do homem que me conduziu a Cristo, cercado de todas aquelas luzes e cartazes icônicos.

Há também outro extremo, as ocasiões mais particulares quando dirigi essa música bem distante de luzes e multidões. Recentemente, em companhia de dois amigos mais chegados, fomos a um hospital e entramos em um quarto silencioso onde estava uma mulher com o corpo devastado por uma enfermidade, mas cujo coração ardia como fogo. Começamos a música e, embora eu fosse o violonista, logo ficou claro que ela era a verdadeira líder de louvor, pois superou os problemas óbvios de sua condição e nos conduziu à sala do trono de Deus com o coração cheio de confiança e louvor.

Há muitas outras versões sobre as quais não tive nenhuma influência. Ouço falar sobre belas apresentações da música ao redor do mundo, em lugares tão distantes quanto China, Haiti e as ruas estreitas e apinhadas de uma favela em Mumbai. Apesar de haver uma grande separação entre a minha versão do Royal Albert Hall — com sua orquestra de 60 músicos e um coro de 400 vozes — e o cântico a plenos pulmões das crianças descalças em uma cidadezinha sul-africana, as diferenças são apenas e essencialmente musicais. As vozes podem ser diferentes, mas as batidas do coração são as mesmas. É o som dos filhos de Deus unindo-se em um ato simples e singelo de gratidão e devoção. E continua a ser uma música de quatro acordes e a verdade.

Tenho ouvido muitas histórias de como essa música tem se revelado na vida das pessoas. Ela me inspira a ver a profundidade que essas canções de louvor alcançam no coração e nas circunstâncias das pessoas. A música tem uma capacidade incrível de transportar esperança, alegria e paz no momento exato em que mais necessitamos disso.

Desde o lançamento de "10.000 razões", encontrei alguns adoradores verdadeiramente inspirados e deparei com demonstrações poderosas de fé. Foi por isso que decidi escrever este livro. Quero muito compartilhar algumas dessas histórias, bem como falar sobre o tema da canção e analisar as verdades por trás dela. Não por achar que compus uma música extraordinária. É difícil agradecer por algo cujos resultados não planejamos.

Ao contrário, espero que estes conceitos e histórias encorajem você na sua vida de adoração. Espero que o inspirem a agradecer sempre a Deus e a confiar nele profundamente, em especial naqueles momentos difíceis da vida em que a tentação nos desvia com facilidade do caminho do louvor.

Tenho a convicção de que, quanto maior forem as tempestades que enfrentamos, mais alto devemos cantar. Espero que este livro o encoraje a cantar cada vez mais alto em adoração a Jesus Cristo.

Enquanto lê as histórias que ocorreram em hospitais e à beira de sepulturas, você verá que todas têm um ponto comum: esses adoradores estão fazendo mais que cantar uma música. Estão firmando a vida na verdade de quem acreditam que Deus é, e respaldando suas palavras da maneira mais clara e poderosa possível.

Todas essas histórias nos lembram de que a adoração é sempre muito mais importante que a música. O louvor acompanhado de cântico é um ato de grande poder, mas o chamado é sempre para completar a totalidade da nossa entrega, tendo uma vida de adoração.

O salmo 95 nos mostra um modelo apropriado de como a adoração deve ser. Começa com esta exortação: "Cantemos ao Senhor com alegria!". Quebramos o silêncio com uma comemoração à bondade de Deus. A seguir, o salmo nos convida a adorá-lo "prostrados", porque o reconhecimento da grandeza de Deus precisa estar sempre presente. Mas o salmo não para aí. Na última etapa da adoração, há um encorajamento: "Não endureçam o coração". As palavras nos levam a expressar exteriormente o que se passa no íntimo de quem somos; porque a verdadeira adoração sempre afetará a nossa vida, não apenas os nossos lábios. O salmista sabia muito bem que adoração sem transformação é apenas um jogo.

Por mais alto que cantemos as nossas músicas de louvor, o verdadeiro desafio será sempre o de completar a integridade da nossa entrega com uma caminhada de adoração.

Quando as nossas ações ultrapassam as nossas palavras.

Quando a nossa vida é mais importante que as nossas músicas.

1

10.000 razões para meu coração encontrar...

Não gosto de usar terno.

Se puder escolher, dou preferência todos os dias ao conforto em lugar da formalidade, como quando, aos meus 21 anos, tive uma reunião inesperada com um líder de igreja que também era diretor de um banco de investimento. Sem me dar conta da importância do cargo dele, atravessei o saguão de piso de mármore de seu escritório, usando calça *jeans* e carregando uma sacola de plástico diante dos olhos arregalados dos seguranças.

Sempre fui assim, o que não significa que eu seja rebelde ou desrespeitoso. A questão é que não gosto de usar terno.

Por essa razão, não me senti totalmente à vontade quando me sentei no banco traseiro de um carro de luxo a caminho de uma cerimônia de premiação. A roupa parecia apertada e eu não parava de puxar o colarinho. Beth, a minha linda esposa, e Jonas, um dos meus melhores amigos, olharam bondosamente para mim e deram um sorriso de compreensão. Beth transforma tudo o que usa em um traje confeccionado especialmente para ela, e Jonas, por ser um homem sensato e de muito bom gosto e criatividade quanto a vestimentas, estava completamente à vontade em sua roupa recém-comprada.

— Você sabe o que vai dizer se ganhar? — Beth perguntou.

Pisquei para ela, sorri e encolhi os ombros. Não era a primeira vez que comparecíamos ao Grammy Awards. Fui indicado uma vez antes para receber o prêmio, e aquele dia só me deixou lembranças felizes por ter passado ótimos momentos e visto algumas apresentações inspiradoras. Dessa vez eu não ganharia o prêmio. De jeito nenhum. Mas, no nosso interior, há sempre uma possibilidade.

Dessa vez eu não ganharia o prêmio. De jeito nenhum.

Alguém me disse certa vez que, em uma situação semelhante, mesmo que não estejamos convencidos de que vamos ganhar o prêmio, devemos sempre preparar algumas palavras para evitar o constrangimento de não ter nada a dizer. A ideia pareceu-me sensível. Naquela manhã, li em uma rede social uma citação do compositor Bach, lembrando que "a música é para a glória de Deus e para o refrigério da alma". Diante da remota possibilidade de receber um prêmio, a frase de Bach pareceu um conselho precioso e sábio a ser memorizado.

A minha alma não sentiu todo aquele refrigério enquanto percorríamos a fila de acesso ao local do evento. Entre as câmeras e as pranchetas que a multidão segurava e os gritos de "vire assim... agora assim", fui forçado a andar o mais rápido possível. Eu só queria sentar-me e estar pronto para a parte que antecede a apresentação televisiva da noite.

Encontrei alguns lugares vagos no fundo do auditório e voltei a brigar com o colarinho enquanto aguardava o início da solenidade do Grammy. Todas as pessoas à nossa volta estavam vestidas imaculadamente e portavam sorrisos imaculados, preparando-se para curtir a noite mais importante da vida delas. Reconheci algumas e sabia que o restante deveria ser composto por músicos, compositores e executivos da indústria da música, todos extremamente talentosos. Ao me ver cercado de pessoas tão importantes, senti que as minhas chances de ganhar um prêmio eram nulas.

As luzes diminuíram de intensidade, o espetáculo começou e finalmente comecei a relaxar.

E o Grammy vai para...

Tive de esforçar-me para correr até o palco no momento em que meu nome foi citado. Todos os outros vencedores que receberam o prêmio até aquele momento estavam sentados nas primeiras fileiras. Conseguiram chegar ao palco distribuindo abraços e gestos de "toca aqui" enquanto a música composta por eles tocava. Eu não. Estava concentrado em chegar lá antes que a "música da vez" parasse, mas com fôlego suficiente para conseguir falar. E o que foi feito daquela citação de Bach?

Nos acontecimentos que se seguiram — fotos, entrevistas e até outra ida ao palco quando chamaram o meu nome pela segunda vez —, comecei a gostar um pouco mais de mim. Afinal, aquela era uma grande noite em Los Angeles, com ótimos amigos e ótima música. E aquele foi um dos momentos de maior afirmação na minha vida como músico.

Porém, a cada 20 minutos mais ou menos eu lembrava a mim mesmo que nada daquilo — os prêmios, as fotos ou o encanto do evento — era o que mais importava. Embora estivesse saindo com dois prêmios Grammy, eu não queria de forma alguma deixar de dar importância às coisas que eu sabia que Deus planejara para mim.

Os pensamentos iam e vinham, como se eu estivesse apreciando o momento, mas sem me esquecer dos meus motivos.

Eu estava tentando raciocinar o que significava ser um líder de louvor no Grammy Awards. Teria sido mesmo bom receber aquela honra quando todo ministro de música sabe que a premiação não é a parte mais importante da adoração e de seu líder? No fundo eu queria estar certo de ter dado a Deus cada gota de glória sob o brilho daquelas luzes intensas de Los Angeles.

Finalmente, Beth me fez voltar à realidade. — Vamos apreciar o momento, Matt. Você não pediu este prêmio e com certeza não tinha essa intenção. Não sei como chegamos até este ponto, mas Deus confiou a você este momento. Vamos curti-lo.

Pensei nas palavras iniciais da música, o motivo principal para eu estar vestindo um traje formal. Lembrei-me de quando estive a sós com Jonas em uma pequena capela inglesa, o lugar onde eu havia composto muitas músicas na década anterior. As paredes centenárias dançavam sob a luz de velas, e por volta de 1h30 tudo o que eu queria era apagar as chamas e dormir em casa.

Jonas não queria que eu fosse embora. Insistiu para que eu ouvisse uma ideia recente dele para uma música. Tratava-se de uma melodia simples que começava com três notas acima e depois três notas abaixo, mas o suficiente para tirar o cansaço de meus olhos e forçar-me a prestar atenção.

Nós dois queríamos usar as palavras "bendiga o Senhor" no centro da música.

Fazia alguns anos que nós dois queríamos usar as palavras "bendiga o Senhor" no centro da música e, à medida que Jonas tocou a primeira sequência de notas no piano, vi que as havíamos encontrado. "Vamos bendizer o Senhor!", gritei. Cantamos junto em voz alta. Foi um instante mágico.

Continuamos. As paredes brancas brilhavam enquanto as melodias tomavam conta do ambiente. A música era singela, uma marcha firme que seguia algumas notas simples até chegar à ideia inicial de Jonas para a melodia do coro.

Acompanhando aquela melodia, veio a letra. As duas primeiras estrofes brotaram de nós tão rápido que quase não deu tempo de anotá-las. Não tenho certeza se, na época, eu sabia aonde elas estavam me levando, mas, enquanto eu digitava aquelas frases que falavam do amanhecer e anoitecer de novos dias que virão, a música toda foi derramada de dentro de nós.

Em pouco mais de uma hora e meia, a música já estava a caminho de ser terminada. Apagamos as velas e saímos da capela um pouco cansados, mas profundamente gratos a Deus pela oportunidade de apreciar essa nova criação e pela doçura do *momento*.

Além dos prêmios

A lembrança de como "10.000 razões" foi escrita naquela graciosa capela antiga ajudou-me a reencontrar o equilíbrio durante a noite pomposa do Grammy em 2012. *Talvez esta não seja a parte mais importante da minha vida,* pensei. *Mas com certeza é a parte que Deus me confiou.* Assim, relaxei um pouco, parei de me preocupar tanto e aceitei o momento.

Um amigo que trabalha na indústria da música apareceu para me cumprimentar. Perguntou se eu havia votado e eu disse que sim. — Foi bom também — ele disse.

— Por quê?

— Porque o segundo prêmio que você ganhou foi um desempate. Você não teria ganhado se não tivesse votado.

— Hum. Eu não votei em mim.

Ele pareceu confuso. — Como assim?

— Li no formulário que não devemos votar em alguém só porque conhecemos essa pessoa. Tenho certeza de que me conheço, por isso não votei nas categorias nas quais fui indicado. Achei que não seria certo fazer isso.

— Não, seu britânico boboca — ele disse, cobrindo o rosto com as mãos. — Todo mundo vota em si mesmo!

Não sei se isso é verdade ou não, mas sorri e me perguntei se o céu também estava sorrindo em razão daquele pequeno momento. O fato é que eu teria empatado com os meus amigos muito queridos, e adoraria estar junto com eles no palco naquela noite.

O restante da noite foi divertido — surreal, mas divertido. A presença de muitas celebridades do Reino Unido me fez sentir à vontade, entre elas Ed Sheeran, Mumford & Sons e Elton John, todos maravilhosos. A noite foi longa e barulhenta e, quando Beth e eu chegamos de volta ao hotel, eu ainda ouvia o ruído da música, da multidão e da festa ecoando dentro da minha cabeça.

Fechei os olhos e sorri mais uma vez ao pensar que um evento simples e singelo naquela pequenina capela havia conseguido produzir tudo aquilo. Pensei na palavra "favor" e em como o sorriso de Deus pela nossa vida é capaz de abrir portas que, de outra forma, permaneceriam totalmente fechadas. Eu sabia que aquela experiência havia sido ordenada por Deus e fiquei feliz porque a minha sábia e linda esposa me havia lembrado de saborear o momento e ver Deus trabalhando nele.

Na manhã seguinte, apreciei muito o silêncio no quarto do hotel. O sol já estava alto, e na sacada só se ouvia o som de um carro ou outro passando ou das ondas batendo na praia. Procurei saber quais eram as novidades, porque, apesar de toda a euforia e lembranças da noite anterior, a vida continuava no ritmo de sempre.

Havia muitas mensagens de encorajamento enviadas por amigos e familiares, palavras simpáticas que me fizeram sorrir e ser grato. Muitas outras mensagens carinhosas também chegaram pelas redes sociais. Mas, quando abri os *e-mails*, deparei com uma mensagem impressionante e comovente, lindamente escrita por uma mulher desconhecida. A leitura da mensagem foi uma epifania, nada menos que isso.

> Estou lhe escrevendo para contar a história do meu tio, Charlie Burton. No último mês de maio, ele foi diagnosticado com câncer no pulmão aos 46 anos de idade e com cerca de 50% de chance de sobreviver. A família inteira entrou em pânico. Como apareceu aquele câncer? E por que no pulmão? Ele não fumava! O meu tio apegou-se a Deus desde o início, mas foi verdadeiramente incrível ver como sua fé aumentou no decorrer da doença. Não por causa da doença, mas por causa de seus filhos e de sua fé em Deus. Ele nunca se exasperou, nunca se apavorou, nunca se enraiveceu com a situação; apenas se mostrava triste pela possibilidade de não poder aproveitar algumas coisas que a vida tinha a oferecer.
>
> Em seu funeral, o meu primo descreveu a primeira vez que o meu tio ouviu a sua música "10.000 razões". O meu tio sentiu que suas palavras eram dirigidas a ele. Pediu ao meu primo que baixasse a música, para que ele a ouvisse com frequência, principalmente nos momentos mais sombrios quando o câncer começou a espalhar-se para a coluna, depois para o fígado e o cérebro. Na passagem do ano-novo, meu tio foi internado no hospital com dores nas costas e não saiu de lá. Permaneceu firme na fé o tempo todo, e sua música deu-lhe muita força.
>
> Em 17 de janeiro, dois dias depois de ter completado 47 anos, ele faleceu. Quando tiraram o aparelho de ventilação mecânica, o meu primo perguntou aos enfermeiros se poderia tocar uma música para o meu tio, para que ele pudesse ouvir enquanto partia.

"10.000 razões" encheu o quarto, e o meu tio continuou a "cantar louvores" enquanto se despedia da vida para estar com Deus. A sua música foi muito mais que uma simples música. Ajudou-nos a aceitar a situação porque nos lembra de que o meu tio estava indo para o lugar onde queria estar. E, quando a música foi tocada na cerimônia fúnebre, penso que todos nós sentimos a presença dele ali. Todas as vezes que ouvem a sua música, os meus primos lembram-se do pai, que, nas horas mais tristes, permaneceu firme graças à sua fé.

Essa não foi a primeira vez que alguém escreveu para dizer que a música o havia ajudado a atravessar um período difícil na vida, mas foi a primeira vez que me contaram que alguém a tocara para uma pessoa cuja vida estava terminando neste mundo. Desliguei o aparelho e permaneci em silêncio. Todo o barulho de antes havia terminado. Senti a respiração tornar-se pesada. Deus estava perto.

A chegada daquele *e-mail* comovente e inspirador foi muito tocante. Eu estava ouvindo Deus falar em tom alto e claro ao meu coração. Não fiz tudo aquilo para ganhar prêmios. Eu compunha músicas para alcançar o coração de Deus e dar alento ao coração de seus filhos. E porque o meu frágil coração também necessitava de cura.

Eu compunha músicas para alcançar o coração de Deus e dar alento ao coração de seus filhos.

Eu era menino quando comecei tudo isso, mas naquela idade provavelmente eu já havia sentido mais dores e perdas que a maioria dos garotos que conhecia. Às vezes, o fato de cantar essas músicas simples de adoração a Deus era a única coisa que me ajudava.

Descobri logo cedo que as músicas que eu cantava não eram apenas um meio de falar com Deus. Eram um meio de Deus falar conosco também.

É por isso que componho e canto. Quero usar esse dom para levar esperança e paz a pessoas em situações de desespero. Quero anunciar o glorioso e eterno que vai além da rotina de nosso dia a dia.

Voltei a ler o *e-mail* algumas vezes naquele dia e imaginei Charlie Burton deitado em um leito de hospital, seus últimos momentos de vida sendo acompanhados de uma música que fala sobre agradecimento, confiança e uma jornada sem fim com Deus.

— Este é o verdadeiro propósito — murmurei.

A noite do Grammy foi divertida, e sou grato a Deus pela chance de fazer parte de uma aventura como aquela. Mas ela passa facilmente para o segundo plano quando se recebe um *e-mail* como o da sobrinha de Charlie. A aventura não chega nem perto do privilégio de cantar uma música como essa em um quarto de hospital, onde uma mulher luta contra o câncer com fé abrasadora. Também não se compara à alegria de abrir um clipe e ver algumas crianças maravilhosas da África cantando a música com entusiasmo em uma cidadezinha empoeirada.

A verdade é esta: grande parte daquilo que lutamos para conseguir na vida é mensurável, mas será que os troféus são mesmo as melhores coisas que buscamos? Alguns compositores ou artistas medem seu sucesso pelas unidades vendidas, pelo número de prêmios conquistados ou pela quantidade de pessoas presentes em uma apresentação. Não é a maneira mais saudável de viver, mas acho que todos nós temos essa tendência.

A coisa da qual mais gosto é profunda e transformadora demais para ser resumida em uma planilha. O *e-mail* da sobrinha de Charlie Burton encaixou-se muito bem nessa categoria. Foi imensurável. Não havia nenhum quadro ou gráfico que o representasse. Em um ato inabalável de fé, Charlie transformou a música em trilha sonora enquanto partia para estar com Jesus. Em que situação deste mundo podemos agregar valor a um momento tão profundo e precioso?

É um fato imensurável como esse que realmente tem importância. São aqueles momentos "fora de série" quando vemos de modo muito claro a mão de Deus agindo de tal forma que nenhuma mão humana se atreveria a querer o mérito para si.

Há uma praia na extremidade sudoeste da Inglaterra, em Cornwall, conhecida como Lego Beach. Se você cavoucar um pouco a areia, em um dia qualquer, encontrará uma peça de Lego ali, porque no ano de 1997 o navio contêiner *Tokio Express*, com destino a Nova York, enfrentou uma tempestade a mais de 30 quilômetros da costa. Uma onda assustadora — do tipo que ocorre a cada cem anos — lançou-se contra o navio. O *Express* inclinou-se 60º de um lado e, depois, 40º de outro e, em razão desse movimento, 62 contêineres foram lançados ao mar. Um deles estava lotado de peças de Lego. Quatro milhões e oitocentas mil peças, para ser preciso.

Curiosamente, entre os tijolos e as figuras amarelas do Lego havia um grande número de peças com temas náuticos: cutelos de piratas, dragões, equipamentos de mergulho, nadadeiras e arpões. Duas décadas após o evento, as peças de cores vivas continuam a chegar à praia.[2]

2 Cacciottolo, Mario. The Cornish Beaches Where Lego Keeps Washing Up, **BBC.com**, 21 jul. 2014. Disponível em: <www.bbc.com/news/magazine-28367198>.

Caça ao tesouro

A Lego Beach faz-me lembrar do significado de adotar uma atitude de adoração. Nunca faltam tesouros para encontrar nem razões para cantar louvores a Deus. Os lembretes da bondade e da grandeza de Deus chegam à praia da nossa vida todos os dias. Com os olhos bem abertos e um pouco de escavação, logo encontramos grande quantidade de razões para adorá-lo.

Desde a Criação até a cruz, desde a encarnação até a ressurreição e ascensão, nunca tivemos de criar algo novo. A adoração é simplesmente uma contemplação de quem Deus já revelou ser e de como ele intervém na nossa vida. Não há necessidade de criar uma nova história; apenas narramos novamente a história preciosa e antiga de como Deus se envolve na nossa vida. Lembramos e replicamos. Contamos a história e reagimos. Este é o ritmo da adoração: inspirar as maravilhas de Deus e expirar em reverência e louvor.

Este é o ritmo da adoração: inspirar as maravilhas de Deus e expirar em reverência e louvor.

Pense nestes números por um momento.

Depois do acidente, o *Tokio Express* lançou 4.800.000 peças de Lego flutuantes na água, uma quantidade suficiente para continuar a enviá-las à praia de Cornwall durante as próximas décadas.

Dois mil anos após o nascimento, morte e ressurreição de Jesus, a bondade do nosso Senhor continua também a mostrar-se diariamente na nossa vida.

Se você pensar nisso, "10.000 razões" não passa de um colossal eufemismo.

Transbordamento

Gosto muito dos hinários antigos. Só o fato de examinar superficialmente o índice já nos dá um entendimento de como os compositores de louvor de antigamente adoravam cantar cada aspecto possível de Deus.

Dê uma olhada em qualquer hinário, e você encontrará uma lista de temas que provavelmente poria alguns dos nossos melhores esforços em situação vergonhosa. Folheie algumas páginas, e você encontrará grande quantidade dos nomes de Deus e as muitas facetas de sua natureza e caráter. Os compositores cantam atos de poder e misericórdia. Falam sobre Deus como Trindade — Pai, Filho e Espírito Santo. Contam a gloriosa história do Senhor extraída das Escrituras — o Deus de ontem, de hoje e de eternamente, que nunca desaparece nem vacila, e que trabalha fielmente em favor de seu povo.

Quando se trata de cantar a excelência de Deus, nunca faltam motivos para tal. É por isso que um compositor de hinos como Charles Wesley foi capaz de escrever 6.500 poemas e hinos, e a fenomenal Fanny Crosby escreveu mil ou mais.

O meu hino favorito possui apenas um verso. Foi a última letra composta pelo meu herói compositor, Charles Wesley. Aos 80 anos de idade e deitado em seu leito de morte, ele não conseguiu permanecer em silêncio e refletiu nas palavras do salmo 73:

> Quem mais tenho eu no céu?
> Não há outro em quem eu
> me compraza na terra.
> Ainda que a minha carne
> e o meu coração desfaleçam,
> Deus é a fortaleza
> do meu coração
> e a minha herança para sempre (v. 25,26, *ARA*).

Fisicamente fraco naqueles momentos finais, ele chamou a esposa para ficar ao seu lado, e ela transcreveu esta composição final:

Em idade e fraqueza, prestes a ruir,
Quem poderá uma pobre alma redimir?
Jesus, só em ti posso esperar,
Para o meu corpo e alma renovar.
Oh, quem dera o teu doce sorriso ver
E na eternidade contigo viver!

A mistura de poesia e pura devoção é eletrizante. Wesley deixa claro quanto ele conhecia Cristo e como era grande a certeza de que ele estava prestes a partir para estar com seu Senhor para sempre. As letras dos dois últimos versos são uma das composições mais extraordinárias que já lemos:

Oh, quem dera o teu doce sorriso ver
E na eternidade contigo viver!

Não é essa uma forma admirável de morrer? Havia uma esperança tão inabalável no coração e na alma de Wesley que ele não se contentou em permanecer em silêncio naquele momento, nem se deixou levar pelo silêncio. Ele ainda tinha uma melodia para cantar, que transbordava do lugar mais íntimo de seu ser.

Essa última explosão de alegria não foi um mero ritual religioso; foi a erupção de sua alma em louvor. Foi o transbordamento de um coração fascinado. Wesley começou a compor músicas aos 27 anos e até aqueles últimos momentos ainda tinha algo a dizer.

Penso que a minha enorme admiração pelo último hino de Wesley deve ter sido incluída em algum lugar quando escrevi a letra do último verso de "10.000 razões". Essa parte da música parece ressoar o que há de mais profundo nas pessoas, provavelmente porque todos nós sabemos que vamos enfrentar esse momento. Conservo na memória o pensamento de que, mesmo quando o nosso corpo estiver sucumbindo e a nossa respiração começar a desaparecer, poderemos ter ainda um cântico de devoção imortal no coração e nos lábios:

Ainda assim a minha alma cantará
Um louvor a ti que não terá fim

Você pode se imaginar semelhante a Charles Wesley ao enfrentar os seus minutos finais neste mundo? Pode se imaginar tão consciente da bondade e da glória de Deus naquele momento que nos seus últimos suspiros não terá outra opção, a não ser continuar a louvá-lo? Imagine os últimos acordes da sua canção *aqui* sendo as primeiras notas da sua canção *lá* — uma melodia ininterrupta de adoração eterna ao nosso Deus e rei. E imagine que, quando terminarmos as primeiras 10 mil razões pelas quais Deus é tão digno da nossa devoção, estaremos apenas começando.

Dez mil anos
E depois eternamente

2

Pregue para você

Havia alguns bons motivos para eu não ir à igreja naquela noite. Primeiro, eu tinha apenas 7 anos de idade e precisava ir à escola no dia seguinte. E também porque o culto da noite seria dirigido por alguns visitantes da Califórnia que ninguém conhecia muito bem. Mas o motivo principal era que, apenas um mês antes, eu me sentara naqueles mesmos bancos para assistir ao ofício fúnebre do meu pai.

A morte dele foi um choque duplo para mim porque, além de descobrir que ele não estaria mais conosco, mais tarde me contaram que ele havia tirado a própria vida. O fato de saber que um pai escolheu suicidar-se traz muitas perguntas quando ainda somos crianças. Começamos a imaginar se tivemos alguma participação nisso. E, às vezes, o nosso coração luta também com muitas outras perguntas. Ele não nos amava o suficiente para querer ficar conosco? Teria eu cometido um ato horrível para merecer que aquilo acontecesse?

O fato de saber que um pai escolheu suicidar-se traz muitas perguntas quando ainda somos crianças.

Não é de admirar que eu me lembre de tão poucos detalhes do ofício fúnebre do meu pai. Como um garoto é capaz de começar a processar algo como aquilo? Lembro-me de ter entrado no carro funerário e de estar presente no crematório. Nada mais.

No entanto, em contrapartida, aquele culto noturno ao qual assisti com a minha mãe e o meu irmão um mês depois é a lembrança mais vívida de toda a minha infância.

O primeiro encontro

O edifício da nossa igreja não foi construído para impressionar ninguém. Foi projetado para participação, para aventura. Era um templo grande e moderno para os padrões de igrejas britânicas e, embora ainda tivesse bancos de madeira, um órgão e um recanto para o coro, tudo era iluminado, informal e confortável. A área frontal, adiante da grade que separa o altar, era larga, acarpetada e projetada para oferecer um convite a todos os que quisessem ir à frente após o apelo do pregador. No final de cada culto, podia-se ver grande número de crianças correndo e rolando no local, aproveitando o largo espaço aberto. Às vezes, o prédio era mais semelhante a um parque de diversão para todas as idades do que a uma igreja.

Naquela noite, não havia muitas crianças subindo a colina até a igreja, mas, enquanto a minha mãe nos conduzia para atravessarmos o estacionamento lotado, eu sabia que queria estar lá. O ar externo ainda estava quente pelo dia de verão, e dentro a sensação era de que a luz cálida da noite havia atravessado as portas.

Abrimos caminho para chegar ao recanto do coro, de onde tive uma boa visão das pessoas se preparando para dirigir o culto, assim como de toda a congregação. Todos pareciam mais altos que a maioria dos adultos e vestiam roupas diferentes. Não vi ninguém de gravata ou paletó e, quando eles riam, as vozes eram altas e animadas.

Eu não era o único com os olhos atentos. Rostos conhecidos da nossa igreja esforçavam-se para ter uma visão melhor do que se passava na parte frontal. No espaço amplo que normalmente permanecia vazio, havia agora instrumentos musicais instalados sobre o carpete: um teclado e um violão mais um punhado de pés para microfones.

Não precisei falar nem fazer perguntas para saber o que aconteceria a seguir. Bastou-me olhar atentamente. Quando eles começaram a tocar, não consegui tirar os olhos do homem de cabelos brancos e barba, semelhante a um urso, diante do teclado. Havia algo magnético nele, algo tão marcante que era impossível não perceber.

No entanto, o mais importante de tudo foi o som. As músicas eram muito relaxantes e naturais, sem nenhuma estrutura rígida religiosa ou ritual falso à vista. Fiquei extasiado. Tudo parecia muito real e muito mais relevante para os meus ouvidos de menino que a maior parte das músicas de igreja que ouvira até então.

Eles tocaram uma música atrás da outra, cada uma fluindo na seguinte. Eu sabia que havia mãos sendo levantadas e um novo tipo de fervor na igreja, mas a única pessoa que eu queria ver mesmo era aquele homem de barba, parecido com um urso, sentado diante do teclado. *Esta deve ser a melhor música que ouvi até hoje,* pensei. Ouvir a banda tocando e a igreja inteira cantando foi como inalar o ar puro da felicidade. Estava encontrando algo que nunca soube que existia.

Não fui capaz de encadear as palavras em torno do que vi naquela tenra idade, e passaram-se anos até eu começar a me dar conta do que me acontecera — bem como ao restante da igreja — naquela noite. Hoje eu o descreveria como o povo de Deus, na presença de Deus, derramando louvores a Deus. Naquele lugar, naquele mesmo ambiente onde assisti ao funeral do meu pai algumas semanas antes, fui apresentado a uma das dinâmicas mais gloriosamente poderosas na terra: a igreja em adoração a Deus.

Duvido que tenha entendido uma mínima parte da letra daquela música. Mas adorei a experiência, por mais intangível e incompreensível que tenha sido. Suponho que não precisei definir ou apreciar o significado tão importante que aquela primeira visita do Movimento Vineyard faria à igreja no Reino Unido. Eu só sabia que dentro das próprias músicas havia algo mais poderoso do que eu seria capaz de presenciar.

Ainda me lembro de como me senti quando tive o meu primeiro encontro memorável com o Espírito Santo de Deus. As músicas, suaves, porém épicas, foram a porta de entrada. Eram tão simples e escritas de modo tão belo que foi possível entendê-las imediatamente, mesmo por um menino ainda confuso e dilacerado pela dor. As músicas não impunham nenhuma barreira, não havia nada complicado que impedisse alguém de participar delas. As músicas eram uma janela com vista para os caminhos de Deus e um convite para entrar no coração dele.

As músicas eram uma janela com vista para os caminhos de Deus e um convite para entrar no coração dele.

Só depois de alguns anos foi que comecei a tocar violão e aprendi a cantar as músicas sozinho, mas naquela noite, naquele culto na igreja, foi plantada uma semente dentro de mim. Vi como a música poderia afetar a alma e como uma canção poderia destravar algo especial no coração de um adorador.

Reverência e refúgio

A minha jornada como violonista teve dois estágios distintos. Fiz a primeira tentativa aos 10 anos de idade. A minha mãe encontrou um violão e alguém para ensinar-me a tocá-lo. O violão era do tipo comum que já havia sido usado por muitas outras pessoas. O desenho em torno da boca por onde sai o som estava bem desbotado, e o corpo tinha mais arranhões que o capô de nosso carro. Mas era meu, e eu gostava demais dele.

O homem que me dava aulas combinava perfeitamente com o meu violão. Também tinha defeitos e, de vez em quando, mostrava sinais de ter sido espancado. Apesar de ser criança, eu sabia que não era normal comparecer a uma aula e vê-lo com o olho preto ou mancando. Quando uma batida na porta da frente interrompeu uma das aulas, o meu professor entrou em pânico, entregou-me um maço de dinheiro e ordenou que eu esperasse até que ele terminasse de falar com a pessoa. Foi depois daquela aula que eu disse à minha mãe que talvez fosse melhor interromper as lições.

O abandono das aulas coincidiu com a prova de violão a que fui submetido por uma banca, e disseram-me que eu não poderia ser submetido ao exame do segundo ano usando cordas de metal em lugar das clássicas cordas de náilon. Escrevi a eles uma carta longa e provavelmente precoce, mencionando que as cordas de metal eram muito antigas e soavam melhor aos meus ouvidos, mas de nada adiantou. Pendurei, então, a carta no quadro de avisos de cortiça no meu quarto, para lembrar-me constantemente de que lutei contra a lei, e a lei venceu. Coloquei o meu pequeno violão de volta sob a capa marrom que imitava couro e guardei-o em cima do guarda-roupa. E lá ele ficou, acumulando pó nos anos seguintes. Aquele foi o primeiro estágio.

O segundo estágio ocorreu no início da adolescência. Na época, eu era um seguidor fiel de Cristo, e a música de louvor que ouvira aos 7 anos continuava a fazer cada vez mais parte da minha vida. Eu adorava procurar novas canções e decidi que, em vez de esperar que alguém as tocasse na igreja aos domingos, eu as comporia sozinho em casa durante a semana. Detestava a ideia de passar tantos dias até o domingo seguinte sem encontrar alguns momentos para unir-me ao Pai por meio da música.

Tirei aquele pequenino violão de sua capa surrada, limpei o pó rapidamente, comprei cordas novas (de metal) e decidi que seria capaz de aprender o básico sozinho.

Tirei aquele pequenino violão de sua capa surrada [...] e decidi que seria capaz de aprender o básico sozinho.

A princípio, as pontas dos meus dedos doíam muito, fazendo-me arrepender um pouco de não ter usado as cordas de náilon mais confortáveis. Mas eu não me preocupava com a dor; só queria tocar as músicas. Mais uma vez e mais outra.

Pouco tempo depois, os meus dedos calejaram, e o violão nunca mais voltou a ser guardado na capa. Eu amava aquela música de louvor que me cercava, mas não as tocava por motivos criativos. Os anos de adolescência tornaram-se os mais turbulentos da minha vida, e aquelas músicas de esperança e louvor passaram a ser uma corda salva-vidas. Eu tinha 13 anos e havia sofrido abuso.

Depois que o abuso começou, vi-me cada vez mais atraído para a adoração. Descobri que a sala do trono de Deus não era apenas um lugar de reverência, mas também o verdadeiro e o melhor lugar de refúgio. Era o meu esconderijo. Às vezes, nada mais parecia fazer sentido naquela época. Mas, de alguma forma, aquele lugar de adoração sempre fazia sentido. Mesmo quando tudo mais no meu mundo caía como se estivesse quebrando e sacudindo, mesmo em momentos de muita instabilidade, muito sofrimento e muita confusão, eu sabia que havia um lugar para onde correr.

A adoração era parte constante de minha vida, um lugar onde eu podia "passar o tempo" e não ser submetido a mudança. Era um lugar de segurança e serenidade. Era um lugar onde eu sabia que podia encontrar Jesus, governando e reinando sobre a minha vida com amor e estabilidade. Ele era o Deus inabalável, o mesmo ontem, hoje e eternamente. Em companhia dele, finalmente senti que podia respirar. E, apesar de não entender por que estava sendo abusado, aquelas músicas de adoração me lembravam de que eu não havia sido abandonado.

A adoração me proporcionou a chance de aquietar os meus medos e ansiedades e me concentrar em Deus. E me ensinou uma lição preciosa: embora a adoração não *gire em torno* de nós, e não seja primariamente *para* nós, na bondosa economia de Deus, a adoração nos *ajuda*.

Algo acontece quando abrimos o coração para Deus em louvor. É como se déssemos a ele um ingresso especial para trabalhar profundamente dentro de nós e abríssemos o coração dele para nós. A adoração não é apenas o ato de fazer um *upload* do nosso louvor e devoção a Deus; há um *download* simultâneo. Recebemos um lembrete de quem é Deus, uma revelação de sua grandeza e graça. É esse tipo de transferência que nos enriquece o coração e nos refresca a alma. John Piper disse certa vez: "Adoração é uma festa das gloriosas perfeições de Deus, em Cristo".

Retrucar

Apesar de ter apenas 13 anos de idade e muita coisa a temer, descobri que adorar Jesus com a música curava os meus males e era realmente libertador para mim. Descobri que, quando cantamos as nossas músicas, não apenas louvamos a Deus, mas também pregamos para nós mesmos.

Descobri que adorar Jesus com a música curava os meus males e era realmente libertador para mim.

O grande mestre dr. Martyn Lloyd-JONES escreveu certa vez uma matéria sobre pregar para si mesmo que achei muito marcante. Ele perguntou: "Você já percebeu que a maior parte da sua infelicidade na vida se deve ao fato de que você está ouvindo a si mesmo em vez de falar consigo mesmo?".[3]

Todos nós sempre ouvimos alguém — ou algo — falando. Seja uma voz externa, seja uma voz interna, estamos sempre recebendo uma mensagem ou outra, principalmente nos períodos difíceis da vida. Mas não precisa terminar aí. Na verdade, podemos impor a conversa, como o salmista fazia. Podemos aprender a retrucar.

"Por que você está assim tão triste, ó minha alma?", o salmista perguntou nos salmos 42 e 43. Ele estava se sentindo deprimido, esmagado e derrotado. E, mesmo assim, levantou-se e disse a si mesmo: "Ponha a sua esperança em Deus! Pois ainda

[3] **Spiritual Depression:** Its Causes and Cure. Grand Rapids, MI: Eerdmans, 1965. p. 20.

o louvarei". Foi como se ele tivesse feito uma escolha deliberada para atacar a ansiedade e as preocupações frente a frente.

Portanto, quando estamos confusos, perturbados, inquietos, sozinhos ou estressados, é isto o que devemos fazer: assumir o controle sobre nós, falar conosco e permitir que a sabedoria de Deus entre em nós. Dessa forma, a nossa adoração pode ser uma arma para ajudar a derrotar os nossos medos com fé e responder às nossas ansiedades com a sensação de segurança santa.

O rei Davi fez isso nas Escrituras. Lemos que, diante de uma situação de imensa pressão, ele "se reanimou no SENHOR, seu Deus" (1Samuel 30.6, *ARA*). Talvez alguns dos salmos escritos por ele tenham feito parte do processo naquele momento. Quando declaramos a verdade imutável, não apenas honramos a Deus com isso, mas também ajudamos a nós mesmos.

Algumas pessoas dizem que falar consigo mesmo é o primeiro sinal de loucura. Mas, na vida de adoração, falar consigo mesmo é essencial. Lembrar e repetir as verdades de Deus em adoração é a única coisa que revitaliza a nossa alma. Lembre-se das riquezas da graça de Deus. Recorde-se de que ele é o Deus tardio em irar-se e rápido em misericórdia. Conte a história do Calvário ao seu coração enfraquecido. E, da mesma forma que o salmista fez há três mil anos, recite repetidas vezes o fato de que o amor de Deus dura para sempre. E não pare aí — olhe para a frente também. Lembre-se de que um glorioso futuro está chegando. Escolha a esperança em lugar da desesperança, e a fé em lugar do medo. Converse consigo mesmo; assuma o controle sobre você. Cante a verdade para a sua alma atribulada.

Não sei se o meu *eu* de 7 anos de idade teria gostado da música "10.000 razões". Gosto de pensar que sim, principalmente quando os meus filhos parecem conectar-se com ela agora. Mas, na infância, alguma verdade importante estava me alcançando por meio daquelas músicas de adoração. Não sei se entendia cada palavra que cantava, mas sei que algumas produziram o efeito desejado. Ao chegar aos tempestuosos anos da adolescência, eu já estava sobre um firme alicerce e um pouco de terra sólida. E estou convencido de que aquelas músicas de louvor, esperança e adoração que eu sempre ouvia na igreja, semana após semana, foram uma parte muito importante para isso.

Não sei se o meu *eu* de 7 anos de idade teria gostado da música "10.000 razões".

A adoração gira em torno daquilo que escolhemos magnificar. Quando magnificamos as coisas erradas, é que começamos a ter problemas. Talvez o seu saldo bancário não esteja uma beleza neste momento, e você só pensa nisso ao acordar de manhã. Ou talvez você esteja tendo atritos em um relacionamento e pareça não ver nada além deles, sem conseguir focar outra coisa na vida.

É fácil magnificar as coisas erradas. Somos consumidos tão rapidamente por essas realidades que o nosso coração e a nossa mente passam a ser governados por elas. É claro que nenhuma delas — ou outros exemplos semelhantes — é irrelevante. Na verdade, são questões muito reais, que se tornam pesadas para carregar. Mas o problema ocorre quando, em vez de exaltar a glória e a bondade de Cristo, que governa e reina sobre a nossa vida e tem tudo nas mãos, magnificamos os fatores errados.

Na adoração, aprendemos a magnificar as promessas do Senhor em lugar dos nossos problemas, suas realizações em lugar das nossas provações e sua fidelidade em lugar dos nossos medos. Podemos olhar para o céu à noite e ver uma estrela cintilante distante de nós, mas precisamos de um telescópio para ver detalhes ligeiramente diferentes e mais completos. Na realidade, aquela estrela é uma massa ardente gigantesca, tão quente e tão dinâmica que não podemos sequer imaginar; mas o telescópio nos permite compreender de uma forma um pouco mais completa o que ocorre com a estrela. Não podemos ampliar seu tamanho, mas, com as lentes de aumento dentro do telescópio, vemos a realidade verdadeira em escala muito maior.

A mesma dinâmica ocorre na adoração. Quando magnificamos o nome de Jesus, não o tornamos maior. Sua graça e glória estão totalmente acima da nossa compreensão, e ninguém, é claro, tem a possibilidade de acrescentar nada ao Deus todo-poderoso. Ao contrário, magnificá-lo é um ato de estar em contato mais profundo com sua misericórdia e majestade, e os olhos do nosso coração passam a contemplar um pouco mais a sublimidade daquele diante de quem estamos nos apresentando.

Além de honrá-lo, somos beneficiados com o ato de magnificar Jesus. Porque, quando magnificamos as coisas certas, a vida parece muito diferente. Gosto sempre de dizer que Jesus é digno da nossa adoração e que vale a pena adorá-lo. Mesmo que o nosso louvor não nos traga nenhum benefício, Jesus se revela mais que suficiente para ser completamente merecedor de tudo o que há de melhor em nós. A adoração desencadeia muitas bênçãos na nossa vida, grande parte das quais, tenho certeza, nunca reconhecemos verdadeiramente. A verdade é esta: a atividade da adoração faz bem à alma — dizemos a Deus quão grande ele é, mas no processo também dizemos a nós mesmos que somos conhecidos e amados por alguém tão gloriosamente poderoso e gracioso.

Adoro quando conheço pessoas que me lembram dessa dinâmica na adoração, principalmente quando elas são mais desprovidas que eu.

"Sou muito corajoso"

Chase era menor que eu imaginava. Mas intrépido também. Entre suas camisetas do Homem-Aranha, tênis do Homem-Aranha e sorriso maroto, eu sabia que ele era um garoto eletrizante. Acho que é preciso ser eletrizante para conseguir passar metade da vida sob a ameaça de reincidência de câncer ou metástases.

Voltando a 2012, quando tinha apenas 2 anos e meio, Chase foi diagnosticado com tumor no cérebro. Tratava-se de um caso raro que afetou a medula vertebral. Não havia cura. Sua chance de sobrevivência era menor que 20%. Até a palavra "sobrevivência" era restrita: os médicos diziam que sobrevivência de longo prazo significava viver de três a cinco anos mais. Os pais de Chase foram informados de que havia duas opções, talvez três, na melhor das hipóteses. Nenhuma soava como cura milagrosa.

Chase começou, então, a passar por uma série de tratamentos que se prolongaram por catorze meses. Foi submetido a quimioterapia. Recebeu radioterapia no cérebro. Houve cirurgias, talvez 10 ou 12, muitas por causa dos problemas relacionados ao cateter venoso central em seu peito que o alimentou durante dezesseis meses quando ele não podia ingerir alimentos. Ele passou tanto tempo no hospital que, todas as vezes que o carro estacionava do lado de fora em preparação para mais tratamentos, exames ou consultas, Chase gritava: "Estou em casa! Estou em casa!".

Três anos após o diagnóstico, conheci rapidamente Chase e sua família — uma irmã, dois irmãos e os pais — pouco antes de iniciar os cânticos de louvor com um grupo de pessoas nos arredores de Chicago. Rimos um pouco, e seus pais me contaram que Chase e sua família formavam um grupo extraordinário de adoradores. Contaram que cantavam a caminho do hospital e continuavam a cantar enquanto aguardavam nas salas de espera. Descreveram como ensinaram "10.000 razões" aos médicos e enfermeiros e até aos musicoterapeutas, para que cantassem a música com Chase todas as vezes que entrassem em seu quarto.

— Em geral, essa era a última coisa que ele ouvia à noite — disse sua mãe, Ellie. — E, nos dias em que recebia tratamento de radioterapia, Chase sussurrava: "Sou muito corajoso", antes de perder a consciência. Naqueles tempos tenebrosos do câncer, quando a febre não cedia e as células cancerígenas não morriam, a música nos envolvia enquanto estávamos debaixo dela. Houve ocasiões e temporadas em que não conseguíamos falar alto porque nosso coração estava dolorido demais, e o único som que brotava de nós para Deus eram as palavras daquela música.

> **Nos dias em que Chase recebia tratamento de radioterapia, ele sussurrava: "Sou muito corajoso".**

Foi um privilégio ter a possibilidade de ver Chase e sua família quando eles se reuniram com todos os adoradores naquela noite em Chicago. Vi Chase cantar, bater palmas, levantar os braços e até saltar um pouco. E, na hora de cantar a última música, foi uma alegria poder fazer uma pausa para que o público silenciasse a fim de ouvir um pouco da história de Chase e sua família.

Foi uma grande emoção para mim naquele dia, e em tantas outras ocasiões, ver que a igreja existe para que carreguemos os fardos uns dos outros. Ela existe para servir a Deus, louvá-lo e ser suas mãos e seus pés no mundo. Também existe para permanecer ao lado de uma jovem família que está lutando fielmente para atravessar um problema que muitas pessoas considerariam um pesadelo. E, mesmo assim, eles continuavam a louvar, continuavam a cantar.

Cantamos, então, a música para Deus naquela noite, e a cantamos com Chase também. Cantamos a música, na esperança de que Deus continuasse a enviar sua paz e amor àquela família por meio do cântico, e cantamos sabendo que Deus podia fazer o mesmo por nós.

Ao ver Chase e os outros cantando a música com tanto entusiasmo naquela noite, ouvi de modo alto e claro que ali estava uma família cuja intenção era magnificar a coisa certa. Eles estavam fazendo isso no meio da turbulência de uma tempestade e com o coração de louvor intacto. Enquanto escrevo estas linhas vários meses após ter conhecido Chase, tenho a satisfação de dizer que isto é exatamente o que eles ainda estão fazendo hoje: ainda confiam e se apoiam em Deus enquanto percorrem a longa estrada juntos.

Ele pode dar e ele pode tirar

Alguns anos atrás, durante uma viagem aos Estados Unidos, logo ao despertar ouvi sobre uma tragédia devastadora no noticiário nacional. Maria Sue, irmã de um amigo e companheiro do grupo de louvor, havia morrido em um terrível acidente ao chegar de carro em casa.

Enviei uma mensagem de carinho e apoio, mas, claro, sem esperar uma resposta em breve. Alguns dias depois, enquanto estava em um aeroporto, esperando fazer a viagem de volta dos Estados Unidos para a Inglaterra, vi o nome de Steven brilhando na tela do meu celular. Não podia acreditar que ele ligaria, e fiquei um pouco assustado ao atender.

— Steven?

— Oi, Matt.

— Oh, Steven. Lamento muito o que aconteceu com Maria. Você não imagina quantas pessoas estão orando por você e pela sua família neste instante. Acho que nenhum de nós tem as palavras certas para dizer no momento, mas quero que saiba que nós o amamos e estamos pensando em você o tempo todo.

— Obrigado, Matt. É muito importante para mim. Tenho um pedido. Por acaso você está nos Estados Unidos neste momento? Mary Beth e eu estamos pensando no culto em memória de Maria e gostaríamos de saber se existe a possibilidade de você estar conosco amanhã em Nashville e dirigir a sua música "Bendito seja o teu nome".

Um verso da música soou alto na minha mente: "Ele pode dar e ele pode tirar". Eu sabia que eles eram corajosos e confiantes por terem escolhido cantar essas palavras. Emocionei-me diante da evidência de quem eles eram como uma família — que, mesmo em meio a tanto sofrimento e dor, optaram por apresentar-se publicamente e cantar aquelas palavras dolorosas. Na maior parte do tempo, as letras das nossas músicas não são difíceis demais para cantar. Mas percebi que devia haver um peso enorme de fé para eles cantarem uma música com essa letra em um momento como aquele.

Mesmo em meio a tanto sofrimento e dor, optaram por apresentar-se publicamente e cantar aquelas palavras dolorosas.

No dia seguinte, levantei-me para cantar naquela igreja enorme e lotada. Na fileira da frente estavam Steven, Mary Beth e o restante da família. Foi difícil pronunciar as palavras, mas, pensando bem, não era eu que dirigia o louvor naquele culto. Eram eles. Eu estava apenas acompanhando-os ao violão, enquanto eles demonstravam um exemplo de adoração e sacrifício à vista de todos.

Cada pessoa presente ali naquele dia sabia que os Chapmans haviam perdido sua filha adotiva na mais terrível das circunstâncias. E sem dúvida cada pessoa comoveu-se ao vê-los em pé, e cantando, em um momento como aquele.

As canções de fé e adoração podem ser um dom — uma janela para o coração de Deus e uma arma da verdade para ser usada na noite mais escura da vida. Elas nos alcançam quando estamos massacrados, sem nenhuma lógica, sem nenhuma palavra de conforto, sem nenhuma explicação que pareça ajudar de fato. As canções podem ser um dom quando estamos sofrendo, quando estamos enfrentando perguntas sem respostas ou quando estamos no consultório do médico, ouvindo a palavra "câncer" ser usada para descrever o motivo da saúde debilitada de um filho precioso.

Elas podem ser uma ponte entre a dor e a incerteza deste mundo e a compaixão e a firmeza do próprio Deus. Ajudam a levar-nos à presença dele, um lugar onde temos a certeza de que nada, a não ser Deus e seu amor, poderá nos derrubar.

Lembram-nos das verdades imutáveis que nos sustentam, por mais difícil que seja o problema e por mais exaustos que estejamos depois de perseverar tanto. Lembram-nos de que Deus está mais perto que imaginamos, mesmo quando a vida é manchada pelo sofrimento. Lembram-nos de que a criança está protegida nos braços de Jesus, embora as nossas mãos estejam vazias. E lembram-nos de que, sejam quais forem as provações que estejamos enfrentando, podemos ainda escolher bendizer o Senhor. Em qualquer situação.

3

Cânticos na noite

No mundo da natureza, só descobrimos realmente se uma árvore é perene quando chega o inverno. Em todas as outras estações do ano, é difícil para um olho não treinado saber a diferença entre as árvores que, com o passar do tempo, perdem as folhas e as árvores que as conservam. Quando o sol não é visível e a temperatura cai, a verdade começa a emergir. Com a chegada do inverno, é fácil distinguir as árvores que mantêm as folhas e as árvores que não as mantêm.

O mesmo ocorre com a vida espiritual. Como adoradores, provavelmente só conhecemos realmente a matéria da qual fomos feitos quando deparamos com um pequeno inverno na nossa vida. Quando a situação se torna difícil demais, quando a vida está no ponto mais fraco, é aí que descobrimos que tipo de adoradores somos.

Como adoradores, provavelmente só conhecemos realmente a matéria da qual fomos feitos quando deparamos com um pequeno inverno na nossa vida.

Será que podemos ser seguidores perenes de Cristo e continuar a entoar um cântico de louvor nas profundezas escuras do inverno? Qualquer um pode cantar durante a claridade do dia, quando tudo é radiante e tranquilo na vida. Quando há paz e prosperidade, quando as pessoas que amamos estão com saúde e os nossos planos parecem estar em harmonia com a vontade de Deus, não é tão difícil levantar a mão e proferir um agradecimento. Mas será que podemos encontrar um caminho para o louvor quando o sol deixa de brilhar? Somos capazes de oferecer uma canção na noite escura?

Há uma expressão que aparece várias vezes nas Escrituras. O livro de Jó fala sobre o Deus "que de noite faz surgirem cânticos" (35.10). Vemos também essas palavras em ação na história de Paulo e Silas (cf. Atos 16.16-40). Eles estavam na prisão; era meia-noite. Suas mãos e seus pés estavam acorrentados ao tronco, e eles haviam sido tratados injustamente. No escuro daquela prisão, a maioria de nós provavelmente teria cedido ao medo, ao desânimo ou ao abatimento. Mas não Paulo e Silas. Mesmo com o corpo acorrentado, eles tinham o espírito livre. E o que estavam fazendo? Cantando. De seus lábios brotavam cânticos de adoração, confiança e louvor. E aquele louvor se tornou a trilha sonora de uma libertação milagrosa da prisão.

Há uma passagem sobre Jesus no final da última ceia (cf. Mateus 26.17-30). Enquanto Jesus celebrava a refeição da Páscoa com os discípulos, lemos que eles cantaram um hino no encerramento. Muitos dizem que talvez tenham escolhido o "Grande Aleluia", salmo 136. Imagine Cristo ali, na contagem regressiva de suas horas no mundo, fazendo coro com os outros e cantando repetidas vezes: "O seu amor dura para sempre... O seu amor dura para sempre... O seu amor dura para sempre".

Tendo pleno conhecimento do que aconteceria em breve, e com a sombra da cruz incidindo sobre ele, Jesus canta com os discípulos esse hino de louvor. Olhando em direção ao Getsêmani e a caminho do Gólgota, ainda assim, o Filho de Deus cantou a bondade e o amor.

O rouxinol

Entre todos os pássaros que voam pelo céu, não há muitos que continuam a cantar à noite. As corujas caçam e chamam as outras, e os pintarroxos, os tordos e os pássaros-das-cem-línguas[4] podem ser ouvidos de tempos em tempos. Mas, entre o punhado de espécies que continuam a cantar após o pôr do sol, os rouxinóis são os que mais se destacam. Eles continuam a cantar o tempo todo quando a noite chega.

Será que somos capazes de fazer o mesmo, quando a escuridão invade a nossa vida? Somos capazes de cantar quando tudo escurece, a ponto de mal conseguirmos ver a nossa mão diante do rosto? Somos capazes de encontrar dentro de nós uma canção de louvor que não dependa das circunstâncias do momento, mas que seja movida por uma esperança indelével no nome de Deus? Continuamos a confiar que há muito mais da nossa história a ser escrito e acreditamos sinceramente, seja qual for a oposição que estamos enfrentando no momento, que Deus ainda continua no controle?

Não importa o que acontecer
E o que eu tiver de atravessar
Quero estar cantando
Quando a noite chegar

A pergunta é a mesma para todos os adoradores: somos capazes de encontrar o caminho do louvor, apesar da escuridão? Somos capazes de nos levantar e cantar ao Senhor durante a noite? Certa vez, enquanto lia o *London Times*, tomei conhecimento dos homens que foram baleados e mortos

4 Em inglês, *mockingbirds* (pássaros que conseguem emitir som idêntico aos que estão à sua volta). [N. do T.]

enquanto cantavam essa música. Li a respeito dos anos que eles passaram na prisão em Bali, de sua jornada de fé e de sua execução por um pelotão de fuzilamento. Não era um artigo longo, mas fiquei intrigado querendo mais informações, e me surpreendi ao saber que "10.000 razões" havia chegado até eles.

Só depois de vários meses, eu soube da história toda, contada pela pastora australiana Christie Buckingham, que conheceu bem alguns daqueles homens e andou com eles enquanto seguiam o caminho de força em força em seus três últimos anos de vida. Quando li sobre aqueles condenados e sobre como eles enfrentaram seus últimos momentos na terra, "extraordinário" pareceu-me uma palavra fraca demais para ser usada. A seguir, reproduzimos a história contada pela pastora que vivenciou a experiência.

Somos capazes de encontrar o caminho do louvor, apesar da escuridão?

A pastora Christie não se impressionou quando ouviu falar de Andrew Chan e Myuran Sukumaran. Havia lido a respeito da prisão deles por tentarem traficar heroína para fora da Indonésia. "Como alguém pode ser tão idiota e, mesmo assim, continuar vivo?", ela escreveu em seu diário de oração. "Contudo, Senhor, mostra a tua misericórdia."

Evidentemente, ela não sabia que o Senhor a usaria de modo tão direto para responder àquela oração.

Seis anos depois da sentença de Andrew e Myu, a pastora Christie estava participando de um congresso em Bali. Uma amiga lhe contou que conhecia os dois homens. — Eu disse a eles que você está na cidade. Eles querem muito que você os visite na prisão e ore por eles.

A pastora Christie lembrou-se do texto bíblico sobre visitar os encarcerados. Sabia que visitá-los era a última coisa que poderia fazer.

Com superlotação e deteriorada, a prisão de Kerobokan abrigava 1.200 detentos condenados por todos os tipos de crimes, desde tráfico de drogas até ataques terroristas com explosivos. Era um lugar aterrorizante. Nem a pastora Christie nem seu marido tinham ideia do que os aguardava dentro da prisão abominável. No entanto, enquanto estavam sentados no chão de um pátio muito amplo, eles acharam que Andrew e Myu não tinham a aparência que ela imaginava de dois traficantes de drogas condenados pela justiça. Ambos falaram sobre como era a vida dentro da prisão e como a fé que possuíam estava aumentando.

Andrew e Myu não tinham a aparência que ela imaginava de dois traficantes de drogas condenados pela justiça.

— Sinto-me mais livre dentro destas paredes que a maioria das pessoas lá fora — disse Andrew. — Não tenho todas as distrações e escolhas que vocês têm. Eles me acordam às 7 horas todos os dias e me trancam na cela às 17h30. Não posso escolher o que comer e não posso escolher quem vem me visitar. A única escolha que posso fazer de verdade é como reagir diante das situações. O único poder que tenho é como lidar com isso. Portanto, sou mais livre, entende?

A pastora Christie ouviu atentamente enquanto Andrew falava. Pensou nas perguntas que faria a respeito da própria fé. Como resistiria se estivesse encarcerada, sem nenhum controle sobre os eventos básicos da vida? Ali, sentado no chão diante dela, trancado naquela prisão horrível, estava um exemplo perfeito de como viver tendo Deus completamente no centro da nossa vida.

Myu contou como Andrew o deixava maluco ao falar sobre Deus. Aos poucos, contudo, a fé que o irritava começou a intrigá-lo, e logo ele redescobriu sua fé em Jesus. A partir daquele dia, ambos dedicaram a vida a demonstrar o amor de Deus aos outros detentos.

Na hora de partir, a pastora Christie disse que ambos eram extraordinários. — Se houver alguma coisa que eu possa fazer para ajudar, me avisem.

Duas semanas depois, ela recebeu uma carta em Melbourne, Austrália, onde residia, com um selo da Indonésia. Era de Andrew, com uma longa lista de itens para os quais precisava de ajuda. Assim como Myu, ele sabia que jamais sairia da prisão, mesmo se recebesse clemência para livrar-se da pena de morte. Passaria o resto da vida — fosse ela curta ou longa — atrás das grades. Mas ele e Myu sabiam que outros detentos seriam libertados, e ambos queriam fazer o possível para reabilitá-los. Queriam ter certeza de que os outros prisioneiros não cometessem nenhuma transgressão e recebessem treinamento em Kerobokan para conseguir um emprego decente depois de libertados. Tudo o que Myu e Andrew queriam era a chance de garantir liberdade para os outros, não para eles próprios.

Tudo o que Myu e Andrew queriam era a chance de garantir liberdade para os outros, não para eles próprios.

Assim começou uma amizade que durou anos. A pastora Christie fez uma campanha em favor deles e os visitava sempre que podia, enquanto Andrew e Myu continuavam a pastorear e treinar seus companheiros de prisão.

— Senhora Buckingham — disse Andrew um dia em que a pastora Christie se sentou no lugar sujo ao qual estava acostumada, de frente para ele —, a senhora não vai acreditar.

— Qual é o problema? Você parece agitado.

— Bom, há um cara que não apareceu na aula de inglês três vezes seguidas. Encontrei-o e perguntei o que estava acontecendo. Ele disse: "Você não sabe como eu me sinto. Terei de ficar dez anos neste lugar". Eu respondi: "Olhe bem para mim e repita o que você disse. O meu sonho é ficar apenas dez anos neste lugar". O cara pegou seus lápis e foi para a aula. A senhora é capaz de acreditar que ele disse aquilo para mim? É capaz de acreditar?

Os meses se tornaram anos, e o governo indonésio continuava a não demonstrar nenhum sinal de extinguir a pena de morte. Três anos depois que a pastora Christie os conheceu, Andrew e Myu foram transferidos, sob guarda armada, para outra prisão em uma ilha um pouco distante da costa de Java. A ilha se chamava Nusakambangan, porém a maioria das pessoas a conhecia por outro nome: ilha das Execuções.

A pastora Christie viu os dois homens preparando-se para o pior, mas acreditando ainda no melhor. Ela os encorajou a não guardar nenhum rancor no coração, e viu também como eles viviam, sabendo que, a qualquer momento, as autoridades poderiam anunciar as setenta e duas horas regressivas para a execução de ambos.

— Cada dia que estou vivo é um bom dia — Myu disse mais de uma vez.

Ela encorajou Myu a pensar em duas ou três coisas pelas quais ele era grato todos os dias, mesmo sabendo que isso seria extremamente difícil. Costumava sentar-se ao lado de muitas pessoas na Austrália que se esforçavam para citar uma ou duas coisas boas na vida. Porém, embora a vida fosse uma rotina assustadora encenada sob o medo da morte iminente, algo na atitude de Myu lhe disse que ele seria capaz de enfrentar aquela situação extrema.

A mudança para a ilha das Execuções foi acompanhada de uma tentativa de mudar as sentenças. A pastora Christie levou algumas colegas de escola de sua filha adolescente para visitar Andrew e Myu. Embora elas estivessem exatamente na idade em que os adolescentes começam a se envolver com drogas, a visita as fez tomar outro rumo, em favor da vida.

Acompanhada de outras pessoas, a pastora Christie disse ao povo que tudo aquilo parecia um terrível desgaste, mas nada mudou. Ela e outros advogados argumentaram que manter Myu e Andrew vivos e na prisão pelo resto da vida ajudaria muitas outras pessoas, porém as autoridades não demonstraram nenhum sinal de mudar de ideia. O governo indonésio relutava em ceder, temendo, com essa atitude, demonstrar fraqueza no combate às drogas.

> — Pegue um avião [...]. Eles vão ser executados na terça-feira.

Em uma sexta-feira de abril de 2015, a pastora Christie recebeu um telefonema de um dos membros da família. — Pegue um avião — disseram. — Eles vão ser executados na terça-feira.

Todo condenado tinha o direito de pedir a presença de um conselheiro espiritual que o acompanhasse em seus últimos momentos de vida. Andrew chamou o líder de sua igreja quando ele era criança. Myu chamou a pastora Christie. Um dia após o telefonema, a pastora Christie chegou à Indonésia e embarcou na longa jornada junto com outros conselheiros espirituais e advogados antes de fazer um curto percurso de barco até a ilha das Execuções. Quando o grupo chegou à ilha, poucas horas de vida restavam a Myu e Andrew.

Ao desembarcar, a pastora Christie foi conduzida a uma cela suja com ladrilhos quebrados, onde Myu estava sozinho. Mosquitos voavam no local quente e úmido.

— Estou fazendo aquilo que a senhora disse, anotando todos os dias as dez coisas pelas quais sou grato — disse Myu.

— Dez coisas?

— Sim, com certeza. — Ele riu.

Ambos passaram duas horas conversando sobre o que viria a seguir.

— Quero realizar muito bem essa tarefa — disse Myu. — Só não sei como.

A pastora Christie pensou por um momento. — A Bíblia diz que devemos entrar por suas portas com ações de graças, e em seus átrios com louvor.

— Fantástico! — Myu disse. — Sei exatamente o que quero cantar no momento.

Embora imaginasse qual seria a música, ela lhe perguntou o nome.

— "10.000 razões".

Lugar sagrado

Fazia alguns meses que eles estavam cantando "10.000 razões" em voz alta durante a comunhão. Myu teve criação cristã, mas abandonou a fé. Depois de ter sido preso, grande parte do que ele aprendera sobre a Bíblia na infância começou a voltar-lhe à mente. Pouco a pouco, sua fé voltou, como se ele estivesse abrindo uma caixa de antigos tesouros que imaginava ter perdido para sempre. Às vezes, ele imaginava que devia haver muito mais que 10 mil razões para bendizer o Senhor. A partir do momento em que ouviu a música, ela ressoou profundamente dentro dele.

Chegou a hora de sair dali. Já do lado de fora, Myu fez uma pausa e olhou para cima. — Que magnífico! — Ele sorriu, com os olhos fixos no céu noturno. Durante dez anos, ele não vira o pôr do sol, nem o nascer do sol, nem as estrelas.

— Obrigado, Senhor. Obrigado, Deus, por estas estrelas.

A pastora Christie saiu escoltada da cela e foi conduzida com os outros conselheiros espirituais a uma barraca perto do local da execução. Enquanto os minutos corriam, ela se lembrou de que, antes de chegar à ilha, imaginou que Myu deveria estar enfrentando muito medo e ansiedade. Mas, naquele momento, parecia que o mundo inteiro os carregava em oração. Enquanto aguardava, ela sabia que, em vez de estar em um lugar de matança, estava em um lugar sagrado. O lugar de horror em breve se transformaria em lugar sagrado.

O lugar de horror em breve se transformaria em lugar sagrado.

Foi o som de metal contra metal que quebrou o silêncio. A pastora Christie não conseguiu identificar a princípio, mas logo percebeu a que se referia: os homens haviam sido algemados. Como escravos dos tempos antigos, eles saíram da escuridão, caminhando vagarosamente, com as mãos e os pés algemados.

De repente, partindo da escuridão, ela ouviu uma voz que passara a conhecer muito bem nos últimos anos. Era a voz de Andrew. Ele estava cantando uma música que ela conhecia:

O meu Deus é poderoso para salvar
Ele é poderoso para salvar

Depois de uma pausa, ele disse: — Vamos, rapazes. Sabemos cantar melhor.

Lentamente — bem baixinho a princípio — outras vozes se uniram à dele. A cada passo e a cada verso da melodia, a música soava mais alta. *Isto é uma dádiva,* a pastora Christie pensou ao ver cada prisioneiro adquirindo coragem enquanto cantava. Continuaram a caminhar, com o som das correntes e do cântico aumentando cada vez mais à medida que se aproximavam. E, quando terminaram a primeira estrofe, a pastora Christie e os outros conselheiros espirituais cantaram a estrofe seguinte para eles.

Por fim, a canção terminou e, quando todos começaram a cantar "Preciosa graça", os conselheiros foram autorizados a sair da barraca e a se juntar aos homens enquanto se aproximavam da clareira.

A princípio, havia só um policial chorando e, a seguir, os outros começaram a soluçar. Quarenta policiais mascarados e enfileirados formaram uma guarda de honra enquanto os prisioneiros caminhavam lentamente em direção a eles. Um policial saiu de sua posição e abraçou Myu. Outro arrancou a máscara e disse: — Por favor, perdoe-nos. Perdoe a Indonésia.

— Eu perdoo vocês — disse Myu. — Então, olhando para cada um, repetiu as mesmas palavras. — Eu perdoo você. Eu perdoo você. Eu perdoo você. — A alguns, ele também agradeceu.

O local da execução era apenas uma pequena clareira na mata. Postes de madeira se projetavam do chão como toscos mastros de bandeira. Os policiais amarraram os homens aos postes, com os braços para trás, enquanto os outros continuavam a cantar.

— Três minutos — disse um guarda.

A pastora Christie se aproximou de Myu. Ele se virou para ela. — Desculpe-me por pedir que a senhora faça isto — ele disse. — Mas alguém tem de falar, e sei que a senhora falará. Eu a escolhi porque sei que a senhora detesta a pena de morte e não tem medo.

— Vou falar. Pode ter certeza, Myu. — Depois de uma pausa, ela disse: — Myu, é um enorme privilégio estar aqui com você, uma grande honra.

Com Myu ainda sorrindo, eles conversaram um pouco sobre como morrer com dignidade. Logo em seguida, um soldado bateu de leve no ombro dela, e ela sabia que tinha de ir. Notou que havia uma luz verde estreita no corpo dele. Olhou para trás e viu mais 12 soldados aproximando-se. Ela levantou o braço na frente de Myu, para que ele não os visse.

— Agora, Myu, há alguma coisa que você deseja dizer?

— Sim, quero perdoar as pessoas que estão me amarrando.

— Algo mais?

— Sim, quero declarar a bênção de Deus sobre a Indonésia.

— Mais alguma coisa?

— Sim, Senhor Jesus, eu confio em ti. Confio em ti, Jesus.

— Certo. A hora chegou. Vamos começar a cantar.

Um soldado bateu de leve no braço dela. — Um minuto — ela pediu. — Um minuto.

— Myu — ela disse —, lembre-se do que o Senhor disse a você.

— Eu me lembro.

— Você perdoou estas pessoas, Myu.

— Sim, perdoei. — Em seguida, começou a cantar:

Bendiga o Senhor, ó minha alma [...]
Adore seu santo nome

A pastora Christie cantou em voz baixa com ele na noite. O soldado cutucou-lhe o braço de novo, e ela olhou ao redor para ver se era a única que estava ali. — Myu, vou dar um passo para trás. Você está bem?

— Estou.

Ela deu um passo para trás. — Continue cantando, Myu. Eu o verei do outro lado.

— Eu a verei do outro lado.

Andrew a chamou. Ela colocou a mão no coração dele. — Eu lhe agradeço por ser um homem de Deus.

— Continue a ser uma mulher de Deus, sra. B. Eu a amo.

Ela se afastou para o lado, onde estavam os outros líderes espirituais, e pôde ver que as luzes verdes haviam voltado. Elas estavam alinhadas no coração dele. Uma chapa de plástico foi abaixada para proteger os conselheiros da linha de fogo.

Junto com Andrew e um dos outros prisioneiros, Myu cantou. Sua voz era forte, sem demonstrar nenhum medo. A mente da pastora Christie guardou estes versos específicos da música:

Não importa o que acontecer
E o que eu tiver de atravessar
Quero estar cantando
Quando a noite chegar

Ela e Myu haviam cantado esses versos muitas vezes nos meses anteriores, sabendo muito bem que a certa altura, mais cedo ou mais tarde, a noite chegaria. Agora ela havia chegado, e ele estava fazendo exatamente o que disse que faria: estava cantando louvor em seus últimos suspiros.

— Amo você, Myu. Eu o verei do outro lado.

E continuaram a cantar:

O teu nome é grande
E o teu coração é bondoso

De repente, a noite foi estraçalhada por centenas de projéteis rasgando o ar.

Silêncio. A pastora Christie prestou atenção. Queria ter certeza de que eles haviam morrido instantaneamente. Caso contrário, a lei indonésia dizia que eles deviam permanecer onde estavam durante dez minutos e só então ela poderia ir até lá para testemunhar que haviam sido atingidos na cabeça.

— Por favor, permita que eles estejam mortos, Senhor — ela orou. — Por favor.

Um acontecimento horrível e trágico era agora um momento de honra, amor e santidade.

Nenhum ruído.

Não havia mais nada no lugar onde eles estavam cantando. Só um silêncio pesado no ar como se tivesse levado toda a luz com ele.

De certa forma, o clima não era o que ela havia esperado. Ela não chorou nem desabou no chão. Ao contrário, parecia haver um espírito de amor enchendo o lugar inteiro. Um acontecimento horrível e trágico era agora um momento de honra, amor e santidade.

Ela estava plenamente consciente das orações, dos encorajamentos e dos apoios vindos de tanta gente de tantos lugares diferentes. Muitas pessoas haviam ajudado os rapazes ao longo dos anos, transformando-os em quem eles eram, e a pastora Christie se sentiu honrada por ter feito parte do quadro geral da vida deles.

Algumas semanas depois, as pessoas se reuniram para assistir aos funerais de Andrew e Myu na Austrália. A esposa de Andrew contou que ambos cantaram a música "10.000 razões" no dia do casamento deles na prisão, sabendo muito bem que a sentença de morte de Andrew seria levada a efeito brevemente. Ela contou que, embora detestasse usar óculos, Andrew decidiu usá-los na noite em que foi morto, só para poder olhar nos olhos de seus atiradores. E ela se lembrou das palavras dele quando soube que seria executado na semana seguinte: "Não se preocupe. Olhe para Jesus. Olhe para Jesus".

Ao ouvir a história de Myu e Andrew, emocionei-me ao pensar que poderia haver muitos outros exemplos de adoração tão comoventes quanto os deles. O ato de devoção dos dois homens me levou, e fez o mesmo com muitas pessoas ao redor do mundo, a adorar Jesus. E, quanto ao cântico deles, duvido ter existido uma versão mais poderosa daquela música. O ato de adoração de Andrew e Myu nos ensina que, se formos capazes de enfrentar um pelotão de fuzilamento e, ainda assim, ter um cântico de louvor no coração e nos lábios, também seremos capazes de enfrentar qualquer coisa nesta vida e continuar cantando.

Evidentemente, e acima de tudo, a história deles nos lembra de que Deus não está ausente, mesmo quando estamos na noite mais escura de todas.

A noite escura da alma se fecha em torno de todos nós de vez em quando. E, quando ela chega, temos uma escolha diante de nós. Vamos nos unir a Paulo e Silas e a Andrew e Myu enquanto eles cantam com o coração para Jesus nas sombras? Deus está procurando adoradores que, assim como o rouxinol, saibam entoar um cântico a ele durante a noite.

4

Trilha sonora para a alma

— Você não vem nadar, Matt?

Não ergui a cabeça. O som que dirigi de volta ao meu irmão mal pôde ser registrado como uma palavra. A minha intenção, no entanto, era perfeitamente clara. Eu queria estar exatamente ali onde estava, por mais convidativa que fosse a piscina lá fora.

Mamãe havia levado todos os seus cinco filhos para passarmos as férias em Portugal. Disse que precisávamos fugir. Depois de doze meses mais ou menos, todos nós sabíamos o que ela tinha em mente. Assim que a polícia descobriu o que acontecera comigo, o agressor foi preso. Mesmo sabendo que ele estava atrás das grades no Reino Unido, o fato de estar a milhares de quilômetros de distância ajudava muito.

Os dias eram quentes, e a quinta possuía uma piscina, porém quase não saí de casa a semana inteira. Preferi permanecer dentro do ambiente, onde o ar era mais fresco e havia mais tranquilidade. Afinal, a minha cabeça estava repleta de pensamentos, e eu precisava de toda a paz e silêncio possíveis.

Na época, eu tinha 15 anos, mas aquela não era uma rebeldia típica da adolescência. Na verdade, não havia nenhuma rebeldia — pelo menos do tipo que causa preocupação aos pais.

Eu tinha certeza de que algo profundo estava acontecendo comigo e queria — precisava — ficar sozinho por uns tempos.

Tudo havia começado duas semanas antes. Em companhia de quase todos da minha igreja, compareci a um importante congresso cristão organizado pelos líderes da igreja em uma grande área rural, anteriormente usada para agricultura. Os líderes eram os dois cristãos mais bondosos e corajosos que eu havia conhecido. Uma das minhas lembranças mais marcantes logo após a perda do meu pai foi a de o pastor Barry ter me levado ao parque de diversões da cidade e me proporcionado tudo o que um garoto de 7 anos poderia querer: algodão-doce e ingressos para participar de todos os brinquedos. Aquilo foi muito importante para mim na época, porque me lembro até hoje.

O bispo David esteve presente na maioria dos momentos mais importantes da minha vida: batizou-me e a todos os meus irmãos, realizou o ofício fúnebre do meu pai e, posteriormente, realizou a cerimônia do meu casamento com Beth e batizou os nossos cinco filhos.

Em 1989, David e Barry alugaram um local para festa, espalharam a notícia aos quatro cantos e receberam 3 mil pessoas em seu congresso cristão de famílias. Amei tudo o que aconteceu naquela semana: as *vans* que vendiam hambúrguer, o acampamento, os bate-papos até tarde da noite com os companheiros da minha idade. E houve, claro, os momentos de louvor e adoração. Gostei demais de como as reuniões seguiam uma após a outra, e do ar pesado, com a mesma sensação da presença de Deus que eu havia sentido em todos os anos anteriores.

Na última noite, tive certeza de que algo dentro de mim havia mudado. Foram os momentos mais apaixonantes de adoração dos quais participei até aquele dia. Ainda ouço os milhares de vozes cantando "Unto the King" ["Ao Rei"] em uníssono naquele salão imenso que se assemelhava a uma gigantesca caixa de ressonância.

David e Barry resolveram chamar à frente as pessoas conhecidas que haviam sido escolhidas por Deus para ser líderes de louvor, cantores e músicos. Seguindo a minha personalidade, eu era o sujeito que ficava sentado na última fileira, observando com cautela e pesando tudo antes de sair do lugar. Mas não dessa vez. Decidi na hora que precisava fazer parte daquele momento.

Na maior velocidade possível, cheguei diante daquele imenso rebanho de pessoas convertidas. Em pé ali, abri o coração para receber o que Deus tinha para mim. Senti imediatamente a proximidade poderosa do Espírito Santo de uma forma que nunca havia sentido. Percebi a presença de um pequeno grupo de pessoas orando em volta de mim, e ouvi-as expressando-se de forma extraordinária, dizendo palavras de afirmação sobre a minha vida e pedindo que eu fosse bem-sucedido como líder de louvor e compositor.

Senti imediatamente a proximidade poderosa do Espírito Santo de uma forma que nunca havia sentido.

Acima de tudo, senti a presença de Deus. Foi um momento de profundo encontro com o Altíssimo. E foi um momento do "eis-me aqui, envia-me", quando eu disse a Deus mais uma vez que estava pronto para fazer o que ele colocasse nas minhas mãos. Ao sair e caminhar de volta à minha barraca, eu sabia que ali tinha ocorrido uma experiência que mudou a minha vida.

Os salmos

Não sonhei com novas músicas naquela noite e, no dia seguinte, não acordei capacitado repentinamente para tocar violão melhor do que tocava antes. Porém, quando chegamos a Portugal na semana seguinte, eu sabia que algo havia mudado. Normalmente, eu ficaria na piscina com eles o tempo todo, mas não agora.

Passei alguns momentos extraordinários com a minha família, mas, em vez de nadar e brincar sob o sol a tarde inteira, eu só queria ficar sozinho dentro da quinta. O lugar era silencioso, e eu podia dedicar-me inteiramente a uma nova paixão que crescia dentro de mim: liderar um grupo de louvor e compor músicas. Permaneci horas sentado no chão de ladrilhos em terracota perto da janela, com a Bíblia aberta no colo, o meu grande *notebook* na mão e o estudo de Salmos.

Eu havia lido muitos salmos no passado para saber que eram especiais. Descobrira que constituíam o livro de cânticos no centro da Bíblia e, na infância, achava que essa era a parte mais fácil de ser lida nas Escrituras. Porém, depois que as pessoas oraram por mim, algo novo havia acontecido.

Eu passava o dia inteiro à procura de ideias para compor ou em busca de meios para ligar musicalmente uma canção a outra na adoração. E passei a sentir grande atração pelos salmos. Lia talvez 50 deles por dia, fazendo anotações, sublinhando os versículos que, a meu ver, poderiam formar a letra da música e escrevendo cada palavra ou expressão que me inspirava.

Passei as férias inteiras assim. Acordava todas as manhãs cheio de entusiasmo pelo que ia aprender naquele dia. Eu tinha sede de Deus e de sua glória de uma forma que jamais sentira, e somente aqueles 150 salmos encaixados no meio da Bíblia pareciam saciá-la.

Eu tinha sede de Deus e de sua glória de uma forma que jamais sentira, e somente aqueles 150 salmos encaixados no meio da Bíblia pareciam saciá-la.

Durante toda a minha adolescência, e principalmente naqueles primeiros anos turbulentos, o salmo 121 foi a canção da minha vida. Aquelas belas palavras eram uma fonte constante de ajuda para mim:

> Levanto os meus olhos para os montes e pergunto:
> De onde me vem o socorro?
> O meu socorro vem do Senhor,
>   que fez os céus e a terra.
> Ele não permitirá que você tropece;
> o seu protetor se manterá alerta,
> sim, o protetor de Israel não dormirá;
> ele está sempre alerta!
> O Senhor é o seu protetor;
>   como sombra que o protege,
> ele está à sua direita.
> De dia o sol não o ferirá,
> nem a lua, de noite.
> O Senhor o protegerá de todo o mal,
> protegerá a sua vida.
> O Senhor protegerá a sua saída
>   e a sua chegada,
> desde agora e para sempre.

Lembro-me de ter ido dormir chorando copiosamente várias vezes durante os momentos mais difíceis da minha adolescência, orando para dormir com esse salmo. Não sei quantas vezes o recitei — talvez centenas —, mas, sempre que o recitava, apegava-me à promessa de que "ele não permitirá que você tropece", como se as palavras tivessem sido escritas para mim. Era espantoso ver que um simples clamor vindo do coração de um adorador três mil anos atrás pudesse ressoar de modo tão profundo dentro do meu coração.

Quanto mais eu estudava Salmos, mais percebia que esse livro tinha alguma coisa para cada pessoa — uma música para cada estado da alma, fosse de alegria ou dor, de comemoração ou sofrimento. Também me conscientizei de como a linguagem dos salmos era um pouco rude. Houve ocasiões em que coloquei a Bíblia de lado, sentei-me encostado na parede, olhando para fora e pensando se seria certo falar com Deus com tanta sinceridade. De vez em quando, eu imaginava que Davi e os outros salmistas haviam ido longe demais, porém todas as evidências sugeriam que Deus podia lidar com elas.

Eu não sabia na época, mas estava começando a formar um conceito de como deveria ser uma música poderosa de adoração — e que, para se conectar profundamente com o coração das pessoas, a música deveria ter um senso de transparência. Tenho até hoje a mesma certeza de que as músicas de adoração jamais podem ter origem apenas no cérebro; o som precisa expressar o transbordamento apaixonado de um coração sincero.

Lembro que Bono disse certa vez em uma entrevista que, quando se trata de compor músicas, é preciso ter mil ideias, mas, sem emoção, elas não passam de ensaios. Leia os salmos com atenção e observe que os escritores nunca parecem entediados com a vida. Sejam de agradecimento ou dança, de intercessão ou lamento, os salmos sempre parecem sinceros, intensos e apaixonados. E, apesar de toda essa expressão explosiva, o ponto principal nos salmos é que, mesmo quando são um pouco rudes, eles continuam reverentes. As músicas de hoje necessitam dessa mesma mistura. Clame a Deus, sim, mas nunca se esqueça de que é diante dele que você está.

Bono disse certa vez em uma entrevista que, quando se trata de compor músicas, é preciso ter mil ideias, mas, sem emoção, elas não passam de ensaios.

Observei nos salmos a frequência com que os adoradores começavam com pedidos de desespero e mudavam em um instante para profundo louvor. Mesmo quando estavam em frangalhos por causa das circunstâncias, eles reconheciam a santidade do nome de Deus e o poder de sua mão. De fato, por que clamamos ao Senhor se não cremos que ele tem poder para dar um jeito na situação? Por mais que eles parecessem pressionados ou infelizes em algumas ocasiões, por meio das músicas os salmistas fundamentalmente erguiam clamores a Deus, reconhecendo que somente ele tinha o coração e o poder para intervir na situação que enfrentavam. Rudes, sim. Mas sempre reverentes.

Aprendendo a compor

As minhas aulas particulares sobre o livro de Salmos continuaram durante o restante das férias de verão e não pararam ali. Por dois meses mais ou menos, penso que li somente os salmos o tempo todo. Nada mais tinha o poder de falar-me como os salmos. E, quanto mais eu me alimentava deles, mais queria começar a escrever as minhas respostas a Deus. Eu não sabia ler partituras nem escrever canções, mas decidi começar a dissecar os salmos — que certamente foram o hinário de Jesus quando ele esteve aqui na terra — e depois planejar os próximos passos.

Deus colocou pessoas extraordinárias na minha vida para me encorajar a seguir em frente. O meu líder de jovens, Mike, era mais fascinado ainda que eu por música de adoração, e tivemos enormes e longas discussões sobre o significado da adoração e como conduzi-la melhor por meio da música nesta geração.

Eu não sabia ler partituras nem escrever canções, mas decidi começar a dissecar os salmos.

Mike, com sua incrível generosidade, também me levava a Londres todas as semanas para nos encontrarmos com um homem chamado Bryn, um dos melhores violonistas do país e um cristão apaixonado pela adoração.

Bryn era uma das pessoas mais pacientes que conheci. Devo tê-lo deixado maluco, não apenas porque os meus dedos eram um dos menos flexíveis que já seguraram um braço de violão, mas também por causa das minhas perguntas constantes sobre tudo relacionado a violões, adoração, composição e música. Acho também que nunca pagamos nenhum centavo a Bryn. Ele estava sendo apenas a pessoa que Deus criou para ele ser — um instrutor bondoso e sábio, com o coração de um pastor.

Eu compunha sentado na minha cama, cercado de pedaços de papel, e cantava as minhas músicas de dois ou três acordes. Todas eram simples demais, a princípio nada mais que uma única expressão de devoção e confiança. Eu repetia aquilo várias vezes até pensar em algo mais para dizer. Algumas músicas continham muitos agradecimentos e louvor. Algumas invocavam o nome e a presença de Deus.

Em outras canções, eu derramava meu sofrimento e pedia ao Pai que me acudisse no meu desalento. Apesar de nenhuma delas ter saído do meu quarto, foi uma ótima maneira de eu processar parte do que atravessava na vida. Em todo aquele extravasamento de música, consegui registrar diariamente a minha caminhada com Deus e tentar transmitir exatamente o que queria dizer a ele. Eu flexionava o músculo da minha imaginação o tempo todo e aprendia a compor músicas.

Sempre me surpreendo com o fato de que podemos encontrar novas maneiras de cantar a Deus e de que nunca nos faltam palavras para dizer. Pense nisso por um momento — não apenas nas centenas de músicas de adoração que já ouviu na igreja ou em gravações. E reflita na herança que muitos cantores e cantoras consagrados a Deus nos deixaram. Temos dois mil anos de história musical, temos a riqueza de vinte séculos de pessoas derramando o coração a Deus com suas composições poéticas e melódicas. No entanto, o poço nunca seca.

> **Temos a riqueza de [...] vinte séculos de composições [...]. No entanto, o poço nunca seca.**

Basicamente, não há nada novo para dizer porque estamos trabalhando com base na revelação de Deus conforme descrita nas Escrituras, mas sempre há uma maneira nova de fazê-lo. Há sempre um ângulo novo do qual podemos nos aproximar da cruz por meio de versos ou de um novo método criativo para expressar o nosso louvor pelo esplendor de Deus.

Um antigo produtor de música *pop* disse insensatamente que em seu gênero musical era apenas possível compor quatro tipos de canções:

Eu amo você.
Eu odeio você.
Vá embora.
Volte!

Gosto muito dessa ideia atrevida. Mas o fato é que, quando se trata de adorar o nosso Deus, há um espectro fantástico de temas para o nosso coração penetrar — e também muitas tonalidades e cores de sua glória e graça. E, quando cantamos a respeito dessas coisas, estamos ensaiando os motivos pelos quais ele deve ser adorado e lembrando a nós mesmos a verdade que ajudará a nos posicionar.

Foi o que os salmos estavam fazendo por mim naquela época e, quando me alimento deles hoje, o benefício não é menos poderoso.

O ato de adorar a Deus com sinceridade no coração mudará a sua vida. Talvez você esteja em meio a uma tempestade neste momento. Não posso prometer-lhe que a tempestade passará imediatamente, apesar de orarmos para que ela passe. Mas penso que posso prometer-lhe que, mesmo que as circunstâncias não mudem logo, algo dentro de você *mudará*. Quando elevamos os olhos em adoração, a nossa perspectiva muda. Tudo parece um pouco diferente sob a luz de um Deus glorioso que reina com amor, sabedoria e poder sobre nós.

A adoração pode nos ajudar a adquirir uma ideia mais clara do quadro maior. Quando adoramos, permitimos que o trono estabeleça as regras — não o nosso dinheiro, as nossas lutas ou os nossos maiores medos. Quanto mais focamos Deus e quem ele é, mais começamos a ver a nossa vida por inteiro através dessa lente. Permitimos que a revelação de quem Jesus é dite as regras; convidamos a glória de Deus para definir a nossa história.

No meio de uma das tempestades da vida, provavelmente você não se sente com vontade de adorar, muito menos de encontrar razões para agradecimento e louvor. Essa, porém, é a disciplina da adoração, e adoração é uma escolha que sempre podemos fazer.

Hoje, ao fazer uma retrospectiva da minha história, vejo que as decisões de confiar em Cristo e adorá-lo nos momentos mais difíceis e desorientadores da minha vida foram, na verdade, as escolhas mais inteligentes que fiz. Além de dar glória a Deus, no final elas me fizeram bem.

Tempo para cantar

Recentemente, encontrei-me por acaso com um rapaz chamado Reuben Hill. Vi, um dia, sua história pelo noticiário da BBC, e ela estava correndo o mundo pelas redes sociais. Reuben era um homem bem-disposto e saudável aos 20 e poucos anos. Fazia parte da turma de judô e do coral do Imperial College em Londres, onde cursava doutorado em física. Um dia, sem demonstrar nenhum sintoma anterior, ele caiu desmaiado em seu quarto. Depois de uma série de testes e exames por imagem, informaram que ele tinha um tumor do tamanho de uma bola de golfe desenvolvendo-se na parte do cérebro responsável pela fala e comunicação.

O plano era simples, mas também totalmente empírico. Os médicos queriam usar um procedimento novo no qual eles refletiriam um feixe de luz no tecido cerebral para saber quais eram as células normais e quais eram as cancerígenas. Coincidentemente, Reuben estava bem familiarizado com esses novos avanços na física: em seus estudos, ele havia trabalhado com parte da mesma tecnologia a laser que os médicos estavam propondo usar.

Por um lado, causava-lhe nervosismo ser submetido a uma cirurgia no cérebro utilizando um procedimento novo, principalmente nas áreas em questão, porque elas estavam muito próximas do centro da fala e da cognição, e qualquer movimento errado poderia afetá-las.

Por outro lado, porém, ele havia dito ao entrevistador da BBC: "O meu cientista interior é fascinado pelo que eles vão fazer, seja o que for". Reuben estava encantado pelo fato de que os médicos poderiam apontar o feixe de raio laser diretamente em seu cérebro exposto e então, medindo a frequência das vibrações, distinguir as células saudáveis das células cancerígenas e remover o que fosse necessário.

Assim, eles começaram a trabalhar. Tudo parecia estar correndo bem, mas, quando a última parte do tumor foi removida, chegou a hora de verificar se as áreas cognitiva e da fala não haviam sido afetadas. Então, os médicos acordaram Reuben ainda na mesa de cirurgia e pediram-lhe que falasse e cantasse. Ele estava cansado e sonolento, mas, quando lhe pediram pela última vez que cantasse, sua reação foi espontânea.

Você poderá ouvir se procurar na internet. A voz de Reuben é profunda e levemente rouca, mas dela fluíram estas palavras:

O sol nasce
Há um novo amanhecer
É tempo de cantar a tua música outra vez
Não importa o que acontecer
E o que eu tiver de atravessar
Quero estar cantando
Quando a noite chegar

E ele não para aí:

Bendiga o Senhor, ó minha alma
Ó minha alma
Adore seu santo nome

Tive o privilégio de conhecer Reuben pouco tempo depois. Queria ter a chance de dizer-lhe que fui muito inspirado quando o vi no noticiário. Muitas pessoas do mundo inteiro que também viram o vídeo disseram que foram inspiradas pela resolução dele de adorar — com o cérebro aberto, ali mesmo na mesa de cirurgia.

Perguntei-lhe por que ele havia começado com aquela música em particular. Ele poderia ter escolhido qualquer outra. Poderia ter escolhido uma rima infantil ou música de rádio que ouvira alguns dias antes. Talvez uma música com menos palavras. Mas ele me contou que decidira fazer isso bem antes. Se os médicos quisessem fazer um teste dessa maneira na área cognitiva e da fala, ele cantaria uma música de gratidão, confiança e louvor. E repetindo: ele havia *decidido*.

Às vezes a adoração é um transbordamento espontâneo. Mas quase sempre é uma decisão.

Sim, às vezes a adoração é um transbordamento espontâneo. Mas quase sempre é uma decisão. É a escolha que fazemos, uma escolha que, seja ela qual for, encherá o nosso coração e os nossos lábios com uma música de gratidão e louvor. E assim, naquele momento intenso, com as câmeras da BBC ligadas diante dele, Reuben escolheu cantar sua música de fé, e ela percorreu o mundo inteiro. Quando o conheci, ele havia comparecido a uma das nossas turnês noturnas de adoração no Reino Unido. Contou que teria de ficar nos fundos do local de apresentação, longe das luzes fortes, porque ainda corria o risco da epilepsia depois de tanto sofrimento. Portanto, ele não pôde estar conosco na apresentação das "10.000 razões" naquela noite. Mas algo me diz que sua voz foi uma das mais altas no recinto. Gosto muito do fato de que, em momentos como aquele, na sala de cirurgia de Reuben, uma música simples como "10.000 razões" pôde transformar-se na trilha sonora para a alma. É óbvio que Deus ordenou a música como parte de sua bênção e presença neste mundo e, seja um salmo antigo, seja uma composição recém-lançada, essas músicas podem manifestar-se na nossa vida e acompanhar os nossos momentos mais belos e também os momentos mais difíceis.

5
Dependência gloriosa

Os meus bons amigos Jonas e George e eu nos sentimos um pouco constrangidos no corredor do hospital, vestidos com avental amarelo e usando luvas e máscara. No entanto, estávamos gratos e sabíamos que foi um privilégio deixar o ônibus da turnê no estacionamento e fazer aquela visita especial. Havíamos atravessado os belos jardins do hospital naquela manhã ensolarada da Califórnia, conversando sobre a sensação que tivemos da mão de Deus naquele momento. Mas nenhum de nós fazia ideia das qualidades admiráveis da mulher que nos aguardava do outro lado da porta.

Mollie Warner havia enviado uma mensagem alguns dias antes, perguntando se poderíamos cantar a minha música "You Alone Can Rescue" ["Só tu podes salvar"] na nossa noite de louvor em Irvine, no sul da Califórnia. A mensagem dizia que o marido e a filha estariam lá, mas ela não, porque estava hospitalizada.

Nos dias anteriores à visita, Mollie nos contou um pouco mais de sua história. Estava com 40 anos de idade, era casada com um líder de louvor e tinha uma filha de 13 anos e um filho de 10 anos. Algumas semanas antes, havia sido diagnosticada com leucemia mieloide aguda, a forma mais agressiva que existe de leucemia. Os médicos disseram que a doença havia comprometido 90% de seu corpo e que, quando ela foi hospitalizada pela primeira vez, não tinha muito tempo de vida. Disseram que ela era uma morta-viva.

Assim que a porta se fechou atrás de nós, ficou claro que aquele quarto de hospital era diferente de qualquer outro em que estivéramos antes. Fizemos uma pausa e inalamos a bela e conhecida sensação de que o tempo se movia mais lentamente e de que o Rei estava entre nós de uma forma especial. Não havia dúvida alguma.

Mollie tinha as marcas de alguém em meio a uma batalha. A quimioterapia levara embora seus cabelos, e do suporte para soro ao lado de sua cama saíam numerosos tubos ligados a seu braço pálido. Havia monitores e aparelhos eletrônicos ligados atrás de sua cama, mas foram as outras três paredes que me fizeram parar e olhar atentamente.

Inalamos a bela e conhecida sensação de que o tempo se movia mais lentamente e de que o Rei estava entre nós.

Estavam cobertas de papéis.

Em cada papel estava escrito um texto da Bíblia. Alguns haviam sido impressos; outros, manuscritos. Alguns estavam acompanhados de desenhos feitos com lápis de cera de cores vivas; alguns exibiam fotos de pessoas sorrindo. Juntos, cobriam totalmente as três paredes que podiam ser vistas da cama.

Mollie contou sua história.

— O meu marido, Steve, e eu passamos por duras provações no decorrer dos anos, e sempre conversamos sobre como Deus permite que elas aconteçam na nossa vida para produzirem fruto ou para nos levarem a um nível superior de maturidade. Ao longo dos últimos anos, fizemos esta pergunta ao Senhor: "Como vais usar-nos? Queremos ser usados de maneira poderosa para tua glória".

— Cerca de um ano atrás, o Espírito Santo havia inspirado no nosso coração que algo estava chegando. Era ameaçador, mas não deprimente. Oramos então e continuamos a fazer o que fazemos: ler a Palavra todos os dias e aproveitar todas as oportunidades possíveis para falar de Jesus às pessoas.

— Comecei a passar mal no verão. Eu me sentia exausta e tinha febre ocasionalmente. Não sabia o que era, mas imaginava que fossem sintomas normais de uma mãe com dois filhos e que trabalha fora de casa. Embora conversássemos muito a respeito do fato de a nossa fé estar sendo posta à prova, eu pensava que os sintomas não tinham nenhuma correlação.

— Adiei durante anos uma cirurgia ocular muito simples, mas finalmente a agendei no início do ano. Antes de ser submetida a esse procedimento, tive de fazer alguns exames de sangue, e o hemograma revelou que os valores de referência estavam criticamente baixos. O oftalmologista disse-me que nunca havia visto contagens tão baixas. Cancelou a cirurgia e recomendou que eu fosse a um pronto-socorro. Depois de muitas conversas e orações, Steve e eu decidimos que eu deveria ir ao pronto-socorro no dia seguinte para descobrir o que estava acontecendo.

— Fui ao hospital no dia seguinte e, depois de algumas horas, informaram que eu deveria ser internada por suspeitarem de leucemia ou outro tipo de câncer. O meu mundo desabou. A notícia de que eu tinha uma doença terminal foi aterrorizante. Estávamos apavorados, mas sentimos a presença de Deus ali.

— Depois de alguns dias, recebemos o diagnóstico; era o que esperávamos e algo para o que estávamos sendo preparados. Todas aquelas conversas e orações anteriores nos deram um firme alicerce para nos apoiarmos. Li um devocional de Charles Spurgeon na véspera de receber o diagnóstico. O tema bíblico era "Não se atemoriza de más notícias" (Salmos 112.7, *ARA*). Naquele momento, não atinei que Deus estava dizendo: "Apertem o cinto. As coisas vão mudar".

Cobrindo as paredes

George, Jonas e eu permanecemos em silêncio, assimilando cada palavra. Mollie apontou para um dos papéis na parede. Lemos as seguintes palavras, escritas com letras grandes, pretas e desafiadoras: "A LEUCEMIA NÃO É MEU DEUS". Mollie continuou a contar sua história:

Lemos as seguintes palavras, escritas com letras grandes, pretas e desafiadoras: "A LEUCEMIA NÃO É MEU DEUS".

— Sabíamos que havia diante de nós a oportunidade de ensinar a nossa família. Conversamos com os nossos filhos, dizendo que era uma ocasião que eles tinham de desenvolver a fé, mesmo com pouca idade, e que era um privilégio e uma honra sermos postos à prova daquela maneira. Sabemos que Deus tem planos maravilhosos para a vida deles, tanto que estava permitindo que eles passassem por tudo aquilo para lhes fortalecer a fé desde cedo. E que a única maneira de atravessar o sofrimento era glorificando o nome de Deus.

— Cremos que Deus deseja que realizemos muitas coisas durante esta provação e que talvez nunca vejamos alguns frutos. Não vamos dar glória a nós mesmos, e essa doença não será o nosso deus, embora seja fácil deixar que a enfermidade nos consuma totalmente quando a nossa vida gira em torno dela.

— Alguns dias antes do diagnóstico, Steve ouviu estas palavras firmes do Senhor enquanto orava: "Vou curar a sua esposa". Na ocasião, imaginamos que fosse um pequeno problema com a minha saúde. Não percebemos que Deus estava prometendo curar-me desta doença mortal. Àquela altura, tínhamos a escolha de duvidar da promessa de Deus ou de crer nela.

— A única forma que eu conhecia para atravessar o sofrimento era meditar constantemente na Palavra de Deus. Decidi, então, cobrir as paredes com estes versículos bíblicos. Escolhi alguns textos, e outros me foram dados por amigos e familiares. Nos dias em que eu passava muito mal e não conseguia abrir a Bíblia, eram estes versículos que me faziam seguir em frente. Deitada aqui, eu olhava para a parede e lia a Palavra. É assim que o Senhor ministra consolação, paz e tranquilidade a mim.

Embora os resultados da primeira série de sessões de quimioterapia não tivessem sido os ideais e a única esperança de Mollie fosse um transplante de medula, ela demonstrava muitos motivos para ser grata a Deus.

— É incrível como Deus usou o oftalmologista para encaminhar-me ao pronto-socorro — no momento preciso. E, mesmo quando obtive apenas uma resposta parcial à primeira série de sessões de quimioterapia, eu estava aprendendo a confiar em Deus. A preocupação era grande e passamos por enorme prova de fé. Acreditávamos que Deus me curaria, mas por que a doença não cedia?

— Tive de ser transferida de hospital no dia em que imaginei que iria para casa a fim de aguardar o transplante. Mas aprendemos que era fácil pôr Deus dentro de uma caixa e dizer como ele deveria agir. Lembramo-nos da promessa de Deus a Abraão de lhe dar um filho, e de como Abraão tramou um plano por conta própria.

— Logo descobri que o hospital para o qual fui transferida era um dos melhores do mundo no tratamento de câncer, e que o meu novo médico era considerado pioneiro em transplantes de medula. Depois de poucos dias, ouvi os funcionários dizerem que tive muita sorte de ser internada um dia depois da solicitação. Contaram-me que pessoas do mundo inteiro buscavam tratamento naquele hospital e permaneciam na lista de espera durante semanas e meses. Ficou imediatamente claro que Deus estava nos lembrando de que devíamos confiar nele. Ele estava no comando.

A segunda série de sessões de quimioterapia demonstrou que o câncer havia sido controlado, mas ela precisava continuar hospitalizada até que as taxas de sangue apresentassem resultado satisfatório. Enquanto aguardava, ela e os médicos começaram a conversar sobre doadores de medula.

— Só um irmão ou irmã podem ser totalmente compatíveis — Mollie nos contou —, e as chances são menores que 25%. E tenho apenas uma irmã. Mas ela era perfeitamente compatível — 100%! Os médicos ficaram espantados e diziam o tempo todo que se tratava de um milagre. Mas eu sabia que era Deus dizendo: "Veja, estou revelando o meu plano a você".

Finalmente, peguei o meu violão e comecei a tocar e a orar. Jonas andou pelo quarto, lendo em voz alta os versículos nas paredes. Mollie fechou os olhos.

— Mollie — eu disse, piscando para ela —, Jonas é um bom líder de louvor. E George também. Eu faço isso para ganhar a vida, portanto acho que sou um líder de louvor razoável.

Ela sorriu, sem entender aonde eu queria chegar. — Mas nenhum de nós é líder neste instante. Você vai dirigir todos nós em adoração neste momento. Mesmo atravessando este período maluco, você está determinada a glorificar Jesus, permanecer firme na fé que possui e cantar uma música na noite. Isso é o que chamo de líder de louvor.

Mesmo atravessando este período maluco, você está determinada a glorificar Jesus.

E nós cantamos. Os meus dedos se atrapalharam algumas vezes, e as nossas vozes foram um pouco abafadas por causa da máscara amarela que usávamos. Houve algumas desafinações, em parte porque tínhamos certeza da presença de Jesus naquele quarto de hospital, mas também por estarmos comovidos diante da fé e do exemplo inspiradores de Mollie. Cantamos com tudo o que possuíamos, conduzidos por aquela extraordinária mulher de fé.

Perto do final, Mollie olhou para o teto e suspirou. — Este é um momento do altar — ela sussurrou. — Obrigada, Senhor.

Chegou a hora de partirmos. Enquanto George, Jonas e eu nos despedíamos, vi que, abaixo das palavras "A LEUCEMIA NÃO É MEU DEUS", Mollie escrevera alguns versículos de Isaías:

> Tu, Senhor, guardarás em perfeita paz
> aquele cujo propósito está firme,
> porque em ti confia.
> Confiem para sempre no Senhor,
> pois o Senhor, somente o Senhor,
> é a Rocha eterna (26.3,4).

Levei aquelas palavras comigo enquanto voltávamos ao corredor, para tirar os aventais, as luvas e as máscaras. Uma enfermeira se aproximou de nós.

— Aquela senhora ali é especial, não?

Nós três assentimos com a cabeça e sorrimos, incapazes de expressar em palavras as qualidades fantásticas de Mollie.

— Ela é a mesma todos os dias — disse a enfermeira. — Todos os dias ela tem a mesma alegria, aquela mesma paz e determinação para vencer a doença.

De novo, de novo e de novo

Continuei a manter contato com Mollie, e alguns meses depois ela me passou notícias atualizadas. O transplante de medula havia sido extremamente penoso, conforme ela previra. Embora todas as células que se dividiram tivessem sido destruídas durante os preparativos para o transplante, ela continuava confiando em Deus.

Quando seus planos de voltar para casa no Natal foram por água abaixo no último momento, ela se lembrou de que Deus estava no comando, e escolheu confiar nele mais uma vez. Alguns dias depois, ela já estava em casa, agradecida porque a mão de Deus a conduzira em todos os momentos de sua recuperação.

— Tive um sonho logo depois de sua visita — ela me contou certa vez. — Creio que foi um sonho espiritual vindo do Senhor. Eu me vi em um vale escuro. Estava frio e, ao olhar para trás, vi todos aqueles altares que haviam sido erigidos. Deus estava me dizendo: "Veja como eu fui ao seu encontro de novo, de novo e de novo desde que você começou a passar por esta provação". Senti que ele me aconselhava a dar um passo por vez. Sua voz me disse: "Você está quase na base do monte".

— A presença de Deus foi muito poderosa quando vocês me visitaram. Foi como ter uma experiência extracorpórea, e senti ser levada ao céu por algum tempo. Depois que vocês saíram, percebi que nunca teria vivido uma experiência como aquela se não tivesse adoecido.

— Penso que finalmente entendo as palavras de Paulo quando ele disse que preferia estar com o Senhor, embora entendesse que precisaria permanecer aqui na terra por mais tempo para alcançar outras pessoas. Nunca aguardei o céu com tanta ansiedade na vida. Tenho um pouco de medo do final desta provação. Quando esse momento chegar, a presença do Senhor diminuirá? Sei que, com o passar do tempo, começamos a ficar um pouco mornos na fé, e entristeço-me por ter esse tipo de pensamento. A presença do Senhor é mais desejável que tudo.

Em um momento como aquele da visita ao hospital, recebo sempre uma lição de humildade ao ver a música realizando o que eu esperava quando a compus e levando alguém a conectar-se com Cristo de forma tão especial.

Houve uma ocasião em que me senti um pouco frustrado com o processo de compor músicas. Por que razão algumas canções que eu compunha ajudavam as pessoas a se conectarem tão bem com Deus, ao passo que outras não tinham o mesmo efeito? E mais: por que eu nunca sabia distinguir uma coisa da outra durante aqueles momentos de criar uma música? Qualquer um esperaria que, depois de tantos anos, eu seria um pouco mais eficiente nesse aspecto!

Além disso, se passamos os dias conduzindo pessoas em louvor, não deveríamos conhecer os elementos básicos de como tudo funciona? Aprendi, com certeza, muitas coisas sobre o ato de criar e elaborar uma música de adoração.

É possível aprender a dar um sentido melhor à letra, não ser repetitivo e permanecer dentro da estrutura da melodia — tudo isso pode ser aprendido. Mas como compor uma música que se conecte com as pessoas em um nível mais profundo de adoração? Bom, não há uma receita mágica para isso. E passei por muitas e terríveis frustrações.

Naqueles dias, no entanto, eu me senti muito diferente. Aliás, comemorei a verdade de que não existe nenhuma fórmula para compor uma poderosa música de adoração. Eu não tinha a menor ideia de que iria lançar "10.000 razões". Já havia composto 20 músicas para o álbum e precisava só de 11. Por mim, acho que nem teria incluído "10.000 razões" na gravação — eu não estava completamente seguro se ela estava terminada ou não. Ao fazer um retrospecto, considerando todas as belas histórias que essa música provocou, chego a achar graça. Você há de pensar que eu deveria ser um pouco mais sábio agora.

Por mim, acho que nem teria incluído "10.000 razões" na gravação.

Sou grato porque a minha equipe interveio, e o meu produtor Nathan disse estas palavras memoráveis: — Não quero nem saber qual música vamos deixar de fora do álbum, mas esta vai ficar!

Foi o que aconteceu, claro, e, na época em que a gravação foi lançada, "10.000 razões" se tornou a parte central da gravação e também o título do álbum. Enfim, recebi um belo lembrete de que pouco sei a respeito de tudo isso. E não me preocupo nem um pouco, porque aprendi que a minha falta de noção foi usada de forma brilhante pelo Pai para me manter dependente dele.

Como um furacão

Oswald Chambers escreveu que a total fraqueza e dependência são sempre ocasiões para o Espírito de Deus manifestar seu poder. Adoro essas palavras. São um rápido lembrete de que, embora Deus tenha sido bondoso para envolver Jonas e eu no processo dessa música, tudo aquilo que verdadeiramente transforma vidas provém dele.

Aprender o que significa ser dependente enquanto estamos em uma capela cantando as nossas mais recentes ideias para compor uma música é como estar no jardim de infância. É seguro e é básico. Mas a coisa muda de figura quando chegamos a um lugar como aquele em que Mollie estava — em um quarto de hospital lutando com uma doença que ela sabia que não poderia vencer sozinha.

Comoveu-me o fato de que ela não parecia desesperada nem deprimida. Parecia apenas muito dependente — dependente de Deus de modo total, completo e glorioso. Ela se cercou da verdade; expulsou o medo e confiou cada vez mais em Deus. E pregou para si mesma com toda a paixão e persistência de um furacão.

Naquele dia, saí do quarto de hospital carregando mais que um violão. Saí depois de ter aprendido com o exemplo de uma ilustre líder de louvor.

6

A prova suprema da realidade

Diane Lockhart contou-me como deixou sua casa na Irlanda do Norte para passar dois anos morando em Uganda. Em parceria com um cavalheiro da localidade, que havia sido criado em favela, ela elaborou um projeto para ajudar as crianças paupérrimas de um bairro em Kampala. Juntos, eles trabalharam para desenvolver o projeto em uma escola de quase 200 alunos. Os alunos e as alunas acordavam e iam dormir em lugares sujos da vizinhança, sem água limpa e nenhuma segurança. Diane, no entanto, entusiasmou-se ao ver como, apesar da falta total de estrutura, as crianças ainda se preocupavam muito em agradecer a Deus por tudo o que possuíam.

De repente, dois anos depois de voltar à Irlanda, houve um fato chocante. Diane foi diagnosticada com câncer de mama, e "10.000 razões" passou a ter um significado especial para ela. A música passou a ser o tema de Diane durante todas as horas de quimioterapia e a ajudou a concentrar-se no objetivo de voltar a estar com as crianças um dia, enquanto tentava imaginá-las despertando de manhã.

Sei que a música não foi responsável pela adoração de Diane — a música em si foi apenas um veículo para levá-la a confiar no Salvador e louvá-lo. A origem de sua adoração foi um coração que decidira manter Cristo no centro, fossem quais fossem as circunstâncias.

A música em si foi apenas um veículo para levá-la a confiar no Salvador e louvá-lo.

Diane está agora recebendo o tratamento em sua terra natal e visita com regularidade as crianças em Kampala, onde a música adquiriu um significado próprio. Quando ela voltou a Uganda, as crianças aprenderam a cantar "10.000 razões". E, sempre que ela as ouve cantar, a adoração ressoa mais poderosamente que nunca.

Direto ao "aleluia"

Histórias como a de Diane sempre me interessam, porque, em meio à luta contra o câncer, ela não escolheu cantar uma música sobre sua saúde. Não escolheu um tema que mencionasse sua doença ou focasse as lutas específicas ligadas a uma enfermidade horrível. Ao contrário, ela escolheu "10.000 razões" como tema e decidiu focar a bondade e grandeza de Deus e bendizer seu nome. Não há uma palavra sequer na música a respeito de câncer. Ela gira totalmente em torno de Jesus.

Uma coisa que aprendi logo cedo como líder de louvor foi que, embora às vezes seja útil especificar o problema, o efeito pode ser mais poderoso quando não o mencionamos. Em outras palavras, o efeito pode ser poderoso quando nos detemos menos na fase do "ajuda-me" das nossas músicas e vamos direto à parte do "aleluia". Não estou dizendo que o "ajuda-me" não seja uma oração importante — não, absolutamente não. Estou argumentando que o "aleluia" é quase sempre uma peça menosprezada da equação. Creio que ocorre uma mudança dinâmica dentro de nós e no nosso problema quando damos mais atenção ao valor de Deus do que às preocupações deste mundo.

A adoração é uma janela para o coração de Deus. É uma forma de ver, não apenas um modo de cantar. É um lugar de iluminação, não apenas um meio de exaltação. Lembre-se do que diz o salmo 73: "Quanto tentei entender tudo isso, achei muito difícil para mim, até que entrei no santuário [...] e então compreendi [...]".[5] O foco das coisas que não faziam nenhum sentido para o salmista foi de repente ajustado quando ele fixou os olhos de seu coração em Deus durante um momento de adoração.

A adoração é uma forma de ver, não apenas um modo de cantar.

A vida é, às vezes, confusa e desorientadora, principalmente quando envolve sofrimento e lutas. Às vezes, necessitamos de um pouco de segurança de que existe um propósito e um plano e de que alguém, em determinado ponto, dará um sentido a tudo isso. A adoração pode ajudar a completar o quebra-cabeça.

Se você pensar bem, adoração é a prova absoluta da realidade. Estamos nos apresentando com a realidade de um Deus que está em seu trono, de um Deus que nunca será abalado. Estamos nos apresentando com um Rei que reina e governa para sempre e, mesmo assim, preocupa-se com os detalhes de nossa vida diária. Temos todas as outras realidades seguindo em frente — todos os estresses e pressões que se apresentam nesta vida, ou seja, problemas com dinheiro, problemas com

[5] V. 16,17. [N. do T.]

pessoas ou coisa parecida. Porém, por mais reais e relevantes que essas preocupações sejam, na adoração nós nos apresentamos com uma realidade que supera todas elas. É a realidade de Jesus em seu trono.

A adoração precisa sempre nos levar a esse lugar. Como líder de louvor, costumo lembrar às pessoas que não precisamos "pôr nada em ação" no momento em que dirigimos a adoração, porque estamos simplesmente fazendo parte de algo que já está acontecendo. É a música eterna e celestial de Jesus que gira agora e para sempre ao redor de seu trono glorioso. A Bíblia desenha um quadro maravilhoso desse lugar; descreve os milhões de anjos circundando o trono e cantando. Há anciãos e criaturas vivas louvando em voz alta continuamente. É o maior espetáculo no qual podemos nos envolver, e a música mais gloriosa da qual podemos fazer parte. E ali, bem no centro de tudo, está Jesus.

Reorganizando a mobília

Ron Owens explicou que "quando nos aproximamos da adoração, aproximamo-nos de um trono [... e] tudo o mais se organiza ao redor do trono".[6] Trata-se de um resumo perfeito de como a nossa vida funciona melhor também. Porque, para que a vida funcione conforme planejado, Jesus precisa ser o foco, e precisamos moldar a nossa vida ao redor dele. Ele precisa ser o eixo — o centro de todo o nosso pensamento, cântico, fala e ação.

N. T. Wright levou esse tema adiante, dizendo: "Somente os humanos parecem ter a capacidade de viver de forma diferente do que são (refletores de Deus, feitos à sua imagem).

6 **Return to Worship:** A God-Centered Approach. Nashville: Broadman and Holman, 1999. p. 53.

As árvores comportam-se como árvores; as pedras, como pedras; o mar é e faz o que o mar é e faz".[7]

Em outras palavras, embora você e eu tenhamos sido criados para adorar a Deus, temos a escolha de fazer isso. Todas as outras coisas criadas funcionam automaticamente da maneira que foram criadas. Mas você e eu, embora sejamos reflexos de Deus e criados à sua imagem, temos a capacidade de nos desviar daquele chamado e organizar a nossa vida em torno de algo ou de alguém. E, quando agimos assim, Jesus é posto de lado ou talvez totalmente retirado do quadro.

Na adoração, reorganizamos a mobília, com a certeza de que Cristo ocupa o lugar central, o lugar que pertence a ele.

Quando pomos algo ou alguém que não é Jesus no lugar de máxima proeminência, essa coisa ou pessoa passa a ser um ídolo. É uma desculpa falsa de um deus, com uma série de falsas promessas. C. S. Lewis disse: "Ídolos [...] ferem o coração de seus adoradores".[8] Seja a luxúria, seja o amor ao dinheiro, seja a busca insaciável por uma carreira profissional de grande influência e *status* social, se qualquer uma dessas coisas se tornar o nosso deus, com o passar do tempo ela nos consumirá, nos levará ao fracasso e até nos destruirá.

C. S. Lewis disse: "Ídolos [...] ferem o coração de seus adoradores".

Vemos isso o tempo todo — pessoas sacrificando-se no altar das coisas em torno das quais vivem o tempo todo, coisas que começam a consumi-las até o ponto de romper relacionamentos, enfraquecer a felicidade familiar e até provocar problemas de saúde.

[7] **The Case for the Psalms:** Why They Are Essential. New York: HarperOne, 2013. p. 120.

[8] **O peso de glória. São Paulo: Vida. p. 34.**

Tudo aquilo diante do que nos curvamos passará a ter domínio sobre nós. Não é uma questão de *se*; é uma questão de *quando*. Jesus, no entanto, é o Senhor supremamente bondoso que sempre satisfaz o coração de seus adoradores.

Quem possui coração sábio, logo percebe que Jesus não é apenas digno de adoração; ele é também digno de confiança. Não existe nenhum alicerce mais bondoso ou mais firme para edificarmos a nossa vida. A vida funciona melhor com Jesus em seu trono no centro e com tudo mais girando em torno desse trono. O próprio Jesus nos ensinou a orar: "Assim na terra como no céu" (Mateus 6.10).

Um grito decisivo

Claro que é fácil escrever estas palavras. Algo totalmente diferente é praticá-las. Às vezes, a vida apresenta circunstâncias tão turbulentas que é difícil demais encontrar o caminho do louvor e manter Jesus no centro.

Surpreende-me o fato de que, ao ouvir algumas histórias, a adoração não foi algo em torno do qual as pessoas se envolveram mais tarde, tão logo conseguiram superar parte do sofrimento. A adoração esteve presente no meio de tudo, desde o começo. Quando a tempestade chegou, o instinto no coração daquelas pessoas não foi de um cântico derrotado de lamento, mas de um grito decisivo de adoração. Foi exatamente o que se passou na minha mente quando recebi o seguinte *e-mail* de Shirley.

Quando a tempestade chegou, o instinto no coração daquelas pessoas não foi de um cântico derrotado de lamento, mas de um grito decisivo de adoração.

Prezado Matt,

Recebi ontem à noite uma mensagem de texto de uma senhora da minha igreja. Ela soube que você estava escrevendo um livro e me encorajou a compartilhar a minha história. E, enquanto estou sentada olhando para a tela, penso... como começar? Acho que devo começar no dia em que aconteceu.

Dia 29 de outubro de 2013. Na metade da manhã, o meu marido e eu recebemos a notícia de que Autumn, a nossa neta de 3 anos de idade, estava sendo transportada por via aérea a uma cidade próxima porque havia caído de uma escada da creche domiciliar. No momento em que os paramédicos chegaram, ela estava inconsciente.

Deixamos tudo para trás, pegamos o carro e percorremos um trajeto de 112 quilômetros. Não saímos do hospital durante os dois dias seguintes. A responsável pela creche foi ao nosso encontro demonstrando muita agitação, por isso oramos com ela ali mesmo, na sala da família. No dia seguinte, descobrimos que Autumn não caíra da escada, mas havia sido vítima de abuso infantil e traumatismo nas mãos da responsável pela creche.

Autumn morreu no dia 31 à tarde. O sofrimento do nosso filho e da nossa nora foi indescritível. Vimos quando eles saíram do hospital levando no carro sua filha Faith e seu filho Jared. O lugar de Autumn estava vazio. Saímos de lá também. O corpo de Autumn ficou. Agora ela fazia parte da cena de um crime.

Entramos em estado de choque, completamente entorpecidos. Tivemos de esperar para enterrá-la, porque havia uma investigação em andamento, mas, enquanto nos preparávamos para sair do culto de comemoração à vida de Autumn e seguir para o cemitério, paramos na igreja e cantamos "10.000 razões". O baterista tocou os instrumentos de percussão com toda a força e senti o coração bater forte enquanto lágrimas corriam pelo meu rosto.

Passaram-se os dias e as famílias foram para casa, mas a investigação continuou. Todas as vezes que ligávamos os noticiários, ouvíamos falar da nossa netinha querida. *CNN*. *Nancy Grace*.[9] *Dateline*.[10] Todos nos abordaram para pedir comentários. Soubemos que a notícia se espalhara para o mundo e vimos artigos no *London Times*. Todas as vezes que nos pediam que falássemos sobre o que acontecera com Autumn, queríamos ser verdadeiros e mostrar Cristo. Deus nos concedeu a oportunidade de testemunhar a povos de países distantes de uma forma que nunca imaginamos.

Chegou o Dia de Ação de Graças e depois o Natal, e aqueles meses foram difíceis demais. Tínhamos uma cadeira vazia. Nas semanas seguintes, observei, como mãe, tudo o que os meus filhos estavam fazendo. Como esposa, observei o meu marido e cuidei dele. Como avó, cuidei dos meus netos em grande sofrimento e fiquei exausta.

Seis semanas após o falecimento de Autumn, usei a linguagem de sinais na igreja para a música "10.000 razões". Enquanto eu me comunicava por esse meio, vi mãos levantadas, lágrimas caindo e sofrimento no rosto das pessoas na igreja. Perto do fim de dezembro, eu sabia que Deus estava insistindo comigo para que escrevesse durante todo o ano seguinte.

Assim, a partir de janeiro de 2014, passei a escrever uma mensagem diária em uma rede social. Eu ponderava sobre assuntos difíceis e verdadeiros, mas também compartilhava as bênçãos que Deus manifestava todos os dias. Decidi iniciar todas as postagens com as palavras "10.000 razões [...] Bendiga o Senhor, ó minha alma [...]" e depois escrever a respeito do dia. Sempre terminava com "Bendiga o Senhor, ó minha alma [...]".

A princípio não pensei que conseguiria cumprir a promessa de fazer isso durante um ano inteiro, mas no final descobri que foi uma jornada incrível. Orei para que as palavras tocassem corações, querendo apenas obedecer ao Senhor.

Não foi fácil muitas vezes, mas eu tinha certeza de que Deus queria que eu enfrentasse aquele sofrimento. Sabia que Deus queria que eu fosse verdadeira e sincera. Ele queria que eu falasse dele porque muitas outras pessoas enfrentam o mesmo tipo de jornada

9 Comentarista e apresentadora de televisão nos EUA. [N. do T.]

10 Revista eletrônica semanal nos EUA. [N. do T.]

todos os dias. Muitas se tornam amargas e iradas e não conseguem seguir em frente.

Descobri que isso faz parte agora da minha vida: ver as bênçãos de Deus tanto nos piores como nos melhores dias. Ele está presente, enviando-nos tesouros de muitas formas, e nós quase sempre não os identificamos.

Autumn foi uma garota de coração compassivo. Jared, seu irmão, era seu melhor amigo. Ela era alegre, adorava acampar e comer *marshmallows*! Parecia um pequeno esquilo quando os comia. Amava seu "papa" — o meu marido — e gritava seu nome, correndo para seus braços. Sentava-se ao lado dele e conseguia do avô quase tudo o que queria. Mas, acima de tudo, ela amava Jesus, e isso nos consola muito.

A história de Autumn continua, com partes boas e ruins. A responsável pela creche está na prisão, e uma nova creche está sendo construída para ajudar crianças vítimas de abuso, autismo, sofrimento e muitos outros traumas que as afetam. O local será chamado Autumn Center.

Deus usou a breve vida de Autumn neste mundo para tocar muitas outras vidas, e ele continua a usar sua história para alcançar muitas pessoas. Oramos para que outras tantas venham a conhecê-lo.

Portanto, Matt, esta é a minha história. Uma música cantada na comemoração da vida da minha neta, interpretada por meio de sinais na igreja e usada por Deus para encher-me com expressões em um diário durante um ano inteiro.

Tão somente pela graça,

Shirley

O conteúdo do *e-mail* foi poderoso e suficiente para descrever toda aquela situação. Foi muito comovente ver como essa querida família atravessou o vale escuro com tanto senso de dignidade e fé. Quando, porém, deparei com o *blog* diário de Shirley, percebi que ela ainda não havia terminado seu trabalho — ela ainda tinha uma música para cantar.

Lembrei-me do fato de que Charles Wesley ainda tinha algo a dizer quando pronunciou as palavras daquele último hino em seu leito de morte. Não faltou tinta na caneta de Fanny Crosby, mesmo depois de ela ter escrito 7 mil músicas de adoração. E o próprio salmista declarou que não se calaria. O *blog* de Shirley lembrou-me desse mesmo espírito.

Chegou o 365º dia de seu diário e o coração de Shirley ainda batia com força por Jesus. Sua alma, em meio a todo aquele sofrimento, era um poço fundo de adoração.

> Dia 31 de dezembro de 2014: 10.000 razões... o fim se aproxima. Dentro de quinze minutos, o meu ano e seus 365 dias terminarão. No ano passado, nesta época, Deus me tocou e me convenceu de que eu deveria fazer isso. Comecei mesmo não sabendo se estaria à altura, porém, mais uma vez, passei a sentir que Deus tinha um propósito, e eu sabia disso. O meu desejo era ser obediente. Várias vezes, senti vontade de parar, e então senti de novo aquele toque convincente de Deus. E então, qual era o propósito do Senhor? Uma coisa neste ano se tornou muito, muito clara: não sou nada sem ele, e não posso fazer nada sem ele. Ele é o ar que respiro. Ele não me prometeu que, se eu fizesse isso, estaria livre de sofrimento. Disse exatamente o oposto. Tenho sentido algumas perseguições, mas tenho recebido bênçãos também.
>
> Estas palavras não falam a meu respeito. Falam a respeito de Deus. Falam a respeito da jornada de uma pessoa andando com Deus. Ele permitiu que outras pessoas vissem os altos e baixos da caminhada.
>
> A jornada terminou? Não. Mas posso dizer: é uma jornada de esperança. Deus voltará e estarei com ele; verei a minha neta e estarei com ela.
>
> O desejo do meu coração [...] é que haja pessoas que venham a conhecer o Senhor por meio destas palavras. E com isso digo: Bendiga o Senhor, ó minha alma.

7

10.000 anos e depois para sempre

Ele não era apenas um advogado bem-sucedido; era também um sócio de alto nível de um próspero escritório de advocacia em Chicago, com sede perto da prefeitura. Era casado, tinha quatro filhas, uma casa em uma região nobre da cidade e um patrimônio em expansão. Mais que tudo, era um homem definido por sua fé. Quando o grande incêndio de 1871 devastou a cidade e reduziu seus bens a cinzas, Horatio Spafford não se desesperou nem lançou a culpa em Deus. Ele acrescentou um "aleluia" a seus pedidos de ajuda. Nos meses seguintes, ele e a esposa, Anna, dedicaram-se a alcançar o maior número possível dos 100 mil desabrigados no Grande Incêndio de Chicago.

Trabalharam durante dois anos para ajudar as pessoas. Um dia, decidiram descansar um pouco e fizeram planos para viajar à Inglaterra com a família e para acompanhar seu bom amigo, o evangelista Dwight L. Moody, em uma viagem ministerial.

Pouco antes do embarque, surgiu um imprevisto no trabalho. Não querendo prejudicar o passeio da família, Spafford convenceu a esposa e as filhas a seguirem o plano, dizendo que viajaria depois.

Spafford recebeu um telegrama de Anna, expedido no País de Gales. Começava com as palavras: "Salva sozinha".

Nove dias depois de despedir-se da família, Spafford recebeu um telegrama de Anna, expedido no País de Gales. Começava com as palavras: "Salva sozinha".

O navio em que sua família viajava colidiu com outra embarcação e afundou, levando centenas de pessoas com ele. Restaram apenas 27 sobreviventes. Anna lutou desesperadamente para salvar a vida de suas queridas filhas, mas as quatro morreram. A última lembrança da tragédia foi a de sua filha bebê sendo arrancada violentamente de seus braços pela força das águas do oceano.

Ao tomar conhecimento da notícia, Horatio embarcou no próximo navio que partiu de Nova York para ir ao encontro de sua esposa, seguindo a mesma rota pelo Atlântico. Quase no fim da viagem, enquanto o navio atravessava a área próxima de onde suas filhas morreram afogadas, ele escreveu as seguintes palavras:

Se paz a mais doce me deres gozar,
Se dor a mais forte sofrer,
Oh, seja o que for, tu me fazes saber
Que feliz com Jesus sempre sou!

A música que ele compôs naquele dia, "Sou feliz com Jesus", passou a ser um dos hinos mais conhecidos que a Igreja cantou até hoje. Não é difícil imaginar o motivo: aqui está um homem que enfrentou uma das circunstâncias mais devastadoras que alguém conseguiria suportar na vida e, ainda assim, atravessou aquele vale com uma música de confiança e louvor. A integridade e a fé profunda da letra têm ressoado, durante décadas, no coração partido de incontáveis adoradores.

Verso após verso, o hino é recheado da verdade que ajudou Horatio a permanecer em pé naquele momento. No desenrolar da música, ouvimos o autor dizendo com todas as letras: "Não sou capaz de entender, e a dor e o sofrimento são imensos neste momento. Mas, ainda assim, acredito em um Deus de amor; acredito na prova que ele deu desse amor na cruz. E, porque acredito que decisivamente ele cuida de mim, posso dizer: 'Sou feliz com Jesus' ".

Na última estrofe, ele olha para o futuro, sabendo que um dia Jesus voltará e que viverá na eternidade com ele. Horatio sabe que um dia as nuvens de sofrimento e perturbação e desordem se dissiparão, e Cristo fará sentido disso tudo:

Embora me assalte o cruel Satanás
E ataque com vis tentações;
Oh, certo eu estou, apesar de aflições,
Que feliz eu serei com Jesus!

Sempre que estou em um ambiente no qual as pessoas cantam esse belo hino, sinto a esperança inabalável das palavras ressoando no coração e na alma de cada uma delas. É interessante notar que a letra original do último verso da música era um dia "Um cântico na noite, ó minha alma"! Assim como Paulo e Silas e Andrew e Myu, Horatio Spafford foi um adorador que soube encontrar o caminho que leva ao lugar de louvor, mesmo na escuridão.

Prosperando na terra onde temos sofrido

Para a maioria de nós, as nossas histórias não parecem tão dramáticas nem tão intensas quanto as de um homem como Horatio Spafford. Mas todos nós temos cicatrizes. Eu pensava em cicatriz como algo feio, algo a ser escondido por causar certo constrangimento. Contudo, quanto mais penso nessa palavra, acho que as nossas cicatrizes são, em geral, os próprios componentes que fazem a história de Cristo trabalhar na nossa vida com tanto realismo e reciprocidade. São também um grande lembrete para nós, os contadores de histórias, de como chegamos a este ponto e de quais são os obstáculos de dor, estresse ou fracasso que superamos em Jesus. As cicatrizes não são apenas um registro das nossas feridas. Elas mostram a nossa cura.

As nossas cicatrizes são, em geral, os próprios componentes que fazem a história de Cristo trabalhar na nossa vida com tanto realismo e reciprocidade.

As cicatrizes são sinais da graça de Deus na nossa vida — sinais de que tivemos de fazer uma travessia e conseguimos sair do outro lado. Lembram-nos de que não estamos mais onde estivemos e de que Deus nos deu uma vitória. As nossas feridas talvez tenham sido profundas, e a noite talvez tenha sido escura, mas a promessa do amor de Deus foi testada e comprovada na nossa vida. Quando olhamos para trás, vemos dor, sim, porém mais do que tudo vemos provisão e proteção, e até as maneiras que Deus usou para nos fazer *prosperar na terra onde temos sofrido*.

Essa expressão procede diretamente da história de José. Trata-se de uma narrativa dramática, com muitos vales profundos e muitos lugares altos. Teria sido fácil para José tornar-se uma pessoa amarga em razão de tudo o que ele suportou — ser espancado pelos irmãos, ser acusado falsamente e ser preso injustamente. Mas, ao ver o cumprimento de todos os propósitos de Deus para sua vida, assim como a alta posição que lhe foi confiada, José olhou para trás e viu a graça do Senhor, nada mais. Deu a seu segundo filho o nome de Efraim porque significa: "Deus me fez prosperar na terra onde tenho sofrido" (Gênesis 41.52).

Milhares de anos depois, muitos de nós podemos ver a mesma dinâmica em ação na nossa vida. Vemos a bondosa sabedoria e a milagrosa provisão de Deus na nossa história, quando ele tirou coisas boas do solo do nosso sofrimento. Conforme C. S. Lewis observou, as sementes costumam crescer em lugares escuros.

Nos momentos em que não podemos ver a evidência da mão de Deus, temos de confiar em seu coração.

Nem toda provação ou tragédia tem um final feliz, e sei que, mesmo na minha jornada, há situações que não sou capaz de compreender deste lado do céu. No entanto, talvez não tenhamos de compreender. Vamos tomar emprestada outra expressão de José: em alguns momentos, temos plena consciência de que o inimigo quer nos fazer mal, mas Deus transforma o mal em bem.

Nos momentos em que não podemos ver a evidência da mão de Deus, temos de confiar em seu coração e saber que ele não nos abandonou; antes, mais perto e mais envolvido do que podemos começar a imaginar. Temos de aprender a cantar com Spafford e seu notável hino — *tudo está bem com a minha alma.*

Roger Dennison foi um adorador que sabia adorar. Depois de uma luta de três anos contra um câncer de cólon em estágio 4, ele morreu, deixando três filhos de 13, 11 e 9 anos de idade. Para algumas pessoas, deve ter sido muito difícil comparecer ao enterro e ficar frente a frente com tanta dor e sofrimento. Mas Roger viveu agradecendo a Deus e confiando nele; morreu pronto a deixar todo o sofrimento para trás e passar a eternidade louvando a Deus.

Graças ao exemplo de Roger, seu filho mais velho conseguiu assistir ao culto e cantar "10.000 razões" diante de todos ali reunidos. Que homenagem e que testemunho!

— Foi lindo — disse a mãe dele. E acrescentou que Roger lamentava apenas uma coisa: não poder ver os garotos se tornarem adultos. Se eles continuarem a seguir Jesus com a mesma atitude demonstrada pelo pai, tenho certeza de que os filhos de Roger serão três homens extraordinários.

"Não estou com medo"

Parece que Terry Ruehmer, pai de Adam, foi outro adorador que descobriu o segredo de dizer "tudo está bem" até no meio de uma tempestade. Recebi notícias de Adam por *e-mail*, pouco depois do enterro de seu pai. Gostei dele desde o início, quando ele me contou que se considerava a última pessoa em condições normais de redigir tal *e-mail*. Havia passado os últimos anos percorrendo o mundo com uma banda de *rock* muito conhecida, e todos os dias lia *e-mails* de pessoas desconhecidas dizendo quanto gostavam da banda e de uma ou outra de suas canções. "No entanto", ele prosseguiu, "achei que precisava escrever esta mensagem".

Ele me contou que seu pai havia perdido a batalha contra o câncer no começo do ano. Quando o caixão estava saindo da igreja, Adam ouviu "10.000 razões" pela primeira vez. Disse que não prestou atenção na letra, mas depois sua mãe lhe contou que era uma das músicas favoritas de seu pai.

Poucos meses depois, a mãe de Adam enviou-lhe um DVD de seu pai, que foi músico profissional e professor de música, cantando "10.000 razões" na igreja.

— Foi sua última apresentação — Adam registrou. — Dessa vez prestei atenção na letra e fiquei arrepiado.

Ele se lembrou de uma coisa que seu pai havia dito logo depois que soube que ia morrer. — Não estou com medo — ele disse. — Sou cristão.

— Não estou com medo — ele disse. — Sou cristão.

— Vejo o tempo todo aquele DVD de meu pai cantando essa música. Estou muito feliz por ter o DVD e espero que a música tenha tanto significado para outras pessoas quanto tem para mim.

Evidentemente, não foi a música em si que impressionou Adam. A música simplesmente proporcionou a seu pai uma forma de mostrar o belo e resoluto coração de fé que ele carregava.

Fé, esperança e confiança

Essas são algumas das histórias de pessoas no fim da vida que me são contadas após o lançamento de "10.000 razões". Tenho recebido um grande número de testemunhos como esses, e adoro saber que todos compartilham o mesmo espírito de fé, esperança e confiança. Vamos tomar como exemplo a história de Tonya, irmã gêmea de Tony Grahn, que foi morta em um acidente com um ônibus da igreja. O jovem pastor, sua esposa e o bebê em gestação também morreram, e 27 crianças sofreram ferimentos. Com a partida de Tonya, seu marido ficou sozinho para criar cinco filhos, um dos quais tinha síndrome de Down. É difícil imaginar como superar uma tragédia como essa.

Dias após o acidente, o filho de Tony enviou-lhe um *link* de acesso a "10.000 razões". A música ajudou, de certa forma, a acalmar sua alma nas horas mais sombrias. Naquele momento, ao ouvir Deus falar de muitas maneiras com graça e provisão, Tony encontrou um caminho para atravessar as ruínas daquele acidente devastador e chegar a um lugar de esperança e louvor.

Desde as histórias de Roger, Tony e Terry até outros testemunhos poderosos mencionados neste livro, surpreende-me ver até que ponto um coração de louvor é capaz de recuperar-se. Para mim, é inspirador saber que suas canções de louvor não sucumbiram diante do sofrimento, da perda, do câncer — e até da linha de tiro. Há um pensamento que sempre me vem à mente. Se nós, ao ouvirmos essas histórias, as achamos tão comoventes, enternecedoras e poderosas, você é capaz de imaginar o que elas significam para o coração de Deus? Você pode ao menos ter uma ideia de qual é a reação de Deus quando ele vê seus filhos amados escolhendo fixar os olhos nele e viver com confiança e adoração durante seus momentos mais traumáticos de provação?

Todas essas pessoas têm um ponto comum: mesmo dentro da tempestade, elas não permitem que a tempestade entre nelas. Algumas foram curadas ou libertadas de circunstâncias muito difíceis e continuam a viver neste mundo para contar, por meio da música, as histórias de como Deus lhes proporcionou vitórias. Outras deram os últimos suspiros aqui e partiram para estar com Jesus — onde, é claro, farão parte da música eterna.

A eternidade é um tema importante para ser destacado na nossa adoração. Grande parte do dia a dia da vida moderna é focado no aqui e agora. Algumas pessoas não olham para a frente por causa da ansiedade quanto ao futuro, ao passo que outras se envolvem demais na gratificação instantânea do momento para pensar no amanhã e no depois. A adoração, porém, lembra-nos do quadro maior. Ela nos leva de volta ao foco no Deus de ontem, de hoje e da eternidade, aquele que foi, que é e que será. Ele não é fiel apenas hoje, mas tem um futuro glorioso para nós — ou como Adoniram

Judson explicou: "O futuro é tão brilhante quanto as promessas de Deus".

Gosto das músicas de adoração que nos lembram disso, e penso que elas são muito importantes:

E quando enfim Jesus vier
Em glória, ao lar celeste então me transportar,
Adorarei prostrado e para sempre [...]

Quando olho para o Deus glorioso, e vejo seu rosto [...]

Levantarei quando ele chamar meu nome,
Então não haverá mais pranto nem dor [...]

Quando nós estivemos lá dez mil anos,
Brilhou tanto quanto o sol.
Não tivemos menos dias para louvar o Senhor
Do que quando o louvamos pela primeira vez

Evidentemente, é a esse último hino, provavelmente o mais conhecido de todos, que estamos nos referindo na última estrofe da nossa pequena canção:

E naquele dia em que a minha força falhar
Quando o fim se aproximar e a minha hora chegar
Ainda assim a minha alma cantará
Um louvor a ti que não terá fim
Dez mil anos e depois eternamente

Quando cantamos músicas que apontam para a eternidade, elas nos lembram de que há um plano e um quadro maior.

Quando cantamos músicas que apontam para a eternidade, elas nos lembram de que há um plano e um quadro maior.

Há um Deus sempre presente nas nossas histórias, e, apesar de todas as derrotas e confusões que anuviam a nossa alma aqui e agora, um dia encontraremos a plenitude da insondável e brilhante majestade e misericórdia do Senhor.

Partindo para o lar celestial

Patricia, irmã de Joan, tinha 57 anos de idade quando foi diagnosticada com câncer no esôfago e no fígado. Não havia nenhum sinal da doença, e grande foi o choque para sua família. O declínio de Patricia foi rápido; depois de algumas semanas do diagnóstico, ela estava em total sofrimento, e os dias se misturavam confusamente no hospital.

— Qual é sua música favorita, Patricia? — Joan perguntou um dia em que a dor parecia menos intensa.

— "10.000 razões" — Patricia sorriu e respondeu.

Na próxima visita de Joan, a condição de Patricia piorara. A dor estava mais forte ainda, mas, quando Joan pegou o celular e encontrou a música na internet, houve uma mudança dentro de Patricia. Onde havia sofrimento, agora havia paz. Ela começou a cantar desafinado, mas sem se preocupar com nada. Durante a música inteira, ela permaneceu imóvel, com as mãos levantadas em adoração ao Senhor.

Poucos dias depois, exatamente cinco semanas após o diagnóstico de Patricia, Joan e toda a família foram informadas de que Patricia tinha apenas algumas horas de vida. Todos da família, 31 pessoas no total, correram ao hospital e se apertaram dentro do quarto pequeno. A família reuniu-se para dizer adeus, para dizer a Patricia que ela era muito mais amada do que imaginava e para cantar sua música favorita.

Algumas vozes soaram altas; outras foram sussurradas. Alguns rostos estavam molhados de lágrimas; alguns demonstravam a mesma expressão de paz que Patricia ainda tinha no rosto. Mesmo assim, eles cantaram; mesmo assim, oraram; mesmo assim, disseram a Patricia quanto a amavam.

Entre todas as vozes naquele quarto pequeno, uma cantou de modo diferente, forçando para ser ouvida, forçando para manter o tom, forçando para encontrar ar. Mas Patricia cantou seu louvor sem fim com toda a confiança e coragem de quem sabia que estava partindo para o lar celestial.

O diploma

Kendra e o marido, Todd, sentiram uma angústia que nenhum pai ou mãe jamais teria de suportar. O filho deles, Channing, morreu de anemia aplástica, uma doença na qual a medula óssea deixa de produzir as plaquetas e células necessárias para o funcionamento do sistema imunológico.

Tudo começou em uma tarde de fevereiro quando Channing, o filho antes saudável, voltou do curso de ensino médio com o rosto amarelado. Kendra entrou em ação imediatamente, mas, quando dois hospitais perceberam que não poderiam tratar de Channing, ele foi transferido para um terceiro. Apesar de ser um hospital muito bem equipado e de grande conceito na região, os médicos pouco conseguiram fazer para impedir que a saúde de Channing se deteriorasse rapidamente.

No entanto, de seu quarto vinha o som de "10.000 razões". Dias e semanas se passaram, e Channing estava cada vez mais fraco, porém a música continuava a ser tocada.

Na manhã de 26 de março, os pais de Channing foram informados de que, entre outras complicações intransponíveis, fora declarada oficialmente a morte cerebral de seu filho. Em companhia dos dois filhos mais novos, Clay e Curt, e também dos avós, tias, tios e outros familiares de Channing, eles permaneceram em volta do leito. Duas tias de Channing ligaram de celulares diferentes, para que também estivessem presentes.

Durante a música, Jesus escolheu entregar o diploma de Channing no céu.

A família cantou e orou. Pouco tempo depois, os médicos, enfermeiros e funcionários do hospital também entraram no quarto. Com a cabeça curvada em oração, eles cantaram a música com a família.

Depois de uma hora e meia, um parente próximo pediu que "10.000 razões" fosse tocada. Com o celular em cima do estômago de Channing, todas as vozes na sala cantaram em uníssono. E, durante a música, Jesus escolheu entregar o diploma de Channing no céu.

Isto não é o fim

Quando Bryce se levantou para prestar homenagem no funeral de seu pai, ele queria dizer a todos ali reunidos como seu pai havia mudado. Fazia apenas alguns anos, mas naquele curto período Bryce viu o pai, um homem explosivo e inflexível, ser transformado em um pai meigo, amoroso, compreensivo, acolhedor.

Bryce lembrou-se do dia em que seu pai convocou uma reunião de família. A mãe estava em lágrimas, e o clima era tenso. Ao olhar para o rosto do pai, Bryce viu uma expressão totalmente diferente: tristeza. Ouviu quando o pai contou que, depois de fazer um *check-up*, fora diagnosticado câncer no pulmão em estágio avançado. E, pela primeira vez na vida, Bryce viu o pai sucumbir ao desespero e chorar.

Embora os médicos tivessem dado alguns meses de vida ao pai de Bryce, ele conseguiu sobreviver por muito mais tempo. Aos poucos, o motivo ficou claro. Bryce viu o pai começar a procurar Deus e rapidamente encontrar força, consolação, paz e segurança nele. Bryce também viu o pai restabelecer um relacionamento rompido havia décadas com um irmão. Ver a graça e o perdão em ação daquela forma foi um dos momentos mais importantes de todos.

Anos depois daquele dia em que o pai de Bryce revelou com tristeza seu diagnóstico, Bryce notou uma expressão diferente no rosto dele: alegria. Bryce sabia que tudo foi graças ao novo relacionamento do pai com Deus.

Quando o tratamento começou a falhar, parecia que Deus o estava chamando lentamente para partir. Três anos depois de Bryce ter ouvido o pai dizer que estava morrendo, o fato aconteceu. Bryce chegou à enfermaria e viu o pai ofegante, com um olho aberto e o outro fechado. A família inteira irrompeu em lágrimas, e Bryce orou em voz alta para que Deus confortasse seu pai e estivesse com ele durante seu sofrimento. Logo em seguida, uma tia pôs a música "10.000 razões" para tocar.

Bryce viu quando os dois olhos do pai se abriram, lutando para permanecerem abertos e olhando para um ponto incerto. Quando a música terminou, o esforço para respirar cessou e seus olhos se fecharam lentamente. Ele estava em paz.

— Pai — disse Bryce no fim da homenagem —, estou triste pelo fato de você não estar mais presente fisicamente para me orientar na vida, para termos uma conversa juntos. Mas sei que o plano soberano de Deus é muito mais alto que os meus desejos. Estou plenamente certo e encorajado de que este não é o fim da história, de que um dia, quando a minha hora chegar, eu o verei de novo no reino renovado de Deus, onde toda lágrima será enxugada, onde haverá somente alegria, onde a tristeza e o sofrimento deixarão de existir.

"Deixe-me cantar"

Fiona estava grávida do primeiro filho quando Mark, seu marido, foi diagnosticado com ELA (esclerose lateral amiotrófica, também conhecida como doença de Lou Gehrig ou doença do neurônio motor no Reino Unido). O prognóstico? Todas as evidências sugeriam que ele teria no máximo cinco anos de vida.

A princípio, o casal desabou ao saber da notícia. Mark era um homem com ótimo condicionamento físico e se sobressaía em todos os esportes que praticava, desde golfe até tênis de mesa e futebol semiprofissional. Alguns de seus gols se tornaram célebres entre seus companheiros e admiradores. No entanto, todos os seus colegas do time de futebol sabiam que ele era diferente. Depois dos jogos, o time costumava sair para comemorarem juntos. Quando as bebidas chegavam, a bandeja sempre continha 14 canecas de cerveja e 1 caneca de groselha negra com soda limonada. Não que Mark tivesse problema com bebidas; ele só achava que não devia ingeri-las. Não queria expor-se ao perigo de forma alguma.

Mark era definido por sua determinação e por seu desejo de fazer tudo corretamente. Era dedicado, trabalhador e passava horas a fio tentando conhecer a fundo qualquer habilidade que o fascinasse. Havia aprendido sozinho a fazer tudo de maneira brilhante, desde resolver/montar o cubo mágico até tocar violão.

Foi um choque terrível ser informado de que perderia aos poucos o controle dos músculos e que, no decorrer dos anos, seu corpo ficaria totalmente paralisado. Para algumas pessoas, teria sido uma carga pesada demais para carregar, mas Mark e Fiona estavam determinados a encontrar os pontos positivos, por mais remotas que fossem as possibilidades. Juntos, eles decidiram confiar em Jesus, não importa o que viesse.

Mark e Fiona eram adoradores e, logo após tomarem conhecimento do diagnóstico de Mark, concordaram que não cessariam de adorar a Deus.

> **Logo após tomarem conhecimento do diagnóstico, Mark e Fiona concordaram que não cessariam de adorar a Deus.**

Em companhia de muitas outras pessoas, eles oraram pela cura. Deus não estava em silêncio. Quando o casal se apresentou diante da igreja para informar a respeito do diagnóstico de Mark, Deus os lembrou da história de Sadraque, Mesaque e Abede-Nego. Ao entrar na fornalha, aqueles três homens de fé anunciaram que acreditavam que o Senhor tinha poder para salvá-los. Decidiram também que, mesmo que Deus não os livrasse, eles não adorariam nenhum outro deus.

Mark e Fiona concordaram em agir da mesma forma: escolheram acreditar no poder de Deus para curar Mark; contudo, mesmo que essa não fosse a vontade dele, ambos o adorariam até o fim.

— Senti o mesmo que Maria — disse Fiona —, acalentando coisas no coração a cada momento, sabendo que não seria fácil enfrentar o que viria pela frente.

Quando ouviram “10.000 razões” pela primeira vez, eles cantaram com muita paixão sobre querer continuar a cantar quando a noite chegasse — sem se importar com o que se apresentasse diante deles. Ambos sabiam que, para Mark, a noite estava chegando um pouco mais depressa do que haviam imaginado. Ainda assim, nada poderia fazê-los mudar de ideia; eles continuariam a louvar o Senhor em qualquer situação.

Um dia, Fiona perguntou a Mark o que ele faria se pudesse livrar-se da enfermidade por um dia, ou seja, sair da cadeira de rodas e não sentir a dor constante que não o abandonava um minuto sequer. Fiona sabia que ele sentia falta das atividades esportivas e que queria demais poder fazer todas aquelas coisas com o filho. Mas ele não incluiu nenhuma dessas atividades em sua resposta.

— O que mais quero na vida é pegar o meu violão e conduzir o povo à sala do trono em adoração — ele disse. A música de adoração sempre foi muito importante na vida de Mark. Levou-o a aprender a tocar violão sozinho, trancando-se em um cômodo até aprender a dominar o instrumento.

Foi diligente da mesma forma na liderança da igreja e passava muito tempo preparando-se para a manhã de domingo, sempre buscando o Senhor. Embora amasse o versículo que diz que Deus está sempre presente na adversidade (cf. Salmos 46.1), Mark enfrentava alguns momentos de fraqueza quando imaginava se havia feito algo para contrair aquela enfermidade. Mesmo assim, ele tinha um profundo conhecimento de Deus como Pai amoroso para impedi-lo de ir longe demais naquela estrada.

A música de adoração também ajudou Fiona. Após o nascimento do segundo filho do casal, ela voltou a cantar "10.000 razões" na igreja. De alguma forma, a segunda estrofe destacou-se:

Por toda a tua bondade
Continuarei a cantar
Dez mil razões
Para o meu coração encontrar

De repente, Fiona foi tomada pela emoção de conscientizar-se da imensa bondade de Deus, mesmo em meio a um sofrimento intenso. Ela pensou em todos os caminhos nos quais o Senhor mostrou seu amor por eles, apesar de saber que Mark não havia sido curado.

Fiona pensou na incrível generosidade dos amigos que lhes forneceram fundos suficientes para comprar uma casa que acomodaria a cadeira de roda de Mark. O pensamento, porém, foi mais longe ainda: sua gratidão a Deus era maior por quem ele era do que pelo que ele havia feito.

Ao chegar em casa, Fiona contou a Mark que queria criar uma página em uma rede social a fim de que as pessoas escrevessem suas razões para louvar a bondade de Deus. Deu à página o nome de "10.000 razões para o meu coração louvar". No alto da página, ela postou uma foto de Mark, parecendo fraco e doente, mas sorrindo, apesar de tudo.

Sua gratidão a Deus era maior por quem ele era do que pelo que ele havia feito.

Com um filho de 4 anos e uma filha de 2 anos, a vida era agitada; no entanto, uma vez que Mark nunca perdeu o foco no Deus que faz todas as coisas novas, a vida era feliz também. Embora com o corpo cada vez mais fraco, esforçando-se para falar e sem conseguir fazer nada sozinho, Mark continuou a demonstrar o amor de Deus pelos outros. Todos os que conheciam Mark falavam sobre sua incrível habilidade de fazê-los se sentirem como se fossem a pessoa mais importante na sala, por causa de seu sorriso permanente. Sorrir era a única coisa que ele conseguia fazer.

Mark tinha conhecimento da pressão que Fiona sofria por ter de cuidar dele e de dois filhos pequenos. Quase sempre ele escolhia sofrer em silêncio em vez de pedir algo a ela, como coçar alguma parte de seu corpo ou movimentar sua mão. Um dos aspectos mais difíceis era o fato de que a doença debilitante de Mark significava que tudo na família tinha de girar em torno dele, e essa era a última coisa que ele queria.

Um dos últimos pedidos de Mark a Fiona antes de entrar em coma foi que ele queria partir para estar com Jesus e queria que sua esposa retomasse a vida. Por mais difícil que fosse, a vida que ela queria era estar ali com Mark, com a enfermidade e tudo.

Naqueles últimos dias, a estrofe final de "10.000 razões" entrou em foco. Tanto Fiona quanto Mark sabiam que se aproximava o dia em que ele partiria desta vida. As forças estavam acabando, e o fim se aproximava. Mas a alma de Mark continuou a cantar.

Dias antes do falecimento de Mark, a família reuniu-se em torno de sua cama em casa e cantou todas as suas músicas e hinos favoritos de adoração. Depois de muitos cânticos e lágrimas, alguém disse que um anjo havia chegado para levá-lo ao lar celestial.

Mais tarde, finalmente a sós com o marido, Fiona o segurou nos braços e o liberou para seguir com o anjo de Jesus. Imaginou Mark em pé diante do trono, vestido de uma glória que não era dele, onde não haveria mais dor, onde não haveria mais lágrimas. Foi muito doloroso, mas foi também muito prazeroso. Fiona sabia que na estrada marcada pelo sofrimento ela encontrara um tesouro tão precioso que fez a angústia se tornar um pouco mais suportável.

Quase mil pessoas estiveram presentes no funeral de Mark. Muitas delas nunca haviam ido à igreja. E o ar estava impregnado com o som de adoração.

Às vezes, Fiona ainda se sente um pouco como Maria, acalentando coisas no coração, entendendo a maneira pela qual a dor e a alegria estão quase sempre intimamente ligadas. Ela sabe que provavelmente não lhe será possível entender plenamente por que tudo aquilo aconteceu, mas sabe também que o modo com que Mark viveu — e morreu — atraiu muitas pessoas ao coração de Deus. E que ele sorriria por causa disso.

Fiona não queria ser a pessoa que era antes de o Senhor se revelar a ela no decorrer de todo o sofrimento.

Por mais estranho que possa parecer, Fiona não queria ser a pessoa que era antes de o Senhor se revelar a ela no decorrer de todo o sofrimento.

— É claro que eu adoraria ter conseguido aprender o que aprendi e continuar a ter Mark aqui. Mas não gostaria de voltar e não ter tido a vida que, no fim, o Senhor permitiu que eu vivesse até agora. Seja o que for que acontecer, seja o que for que ocorrer, e não importa o que estiver adiante de mim, o fato de contemplar o Rei mudou tudo.

O fim se aproxima

Ouvi certa vez uma parteira dizer que, segundo ela, a morte é muito semelhante ao nascimento. Não importa como acontece, seja oferecendo resistência ou em doce submissão, há um Pai amoroso do outro lado. O nosso Pai amoroso está esperando para nos segurar em seus braços fortes e nos conduzir à nova vida diante de nós. É uma excelente metáfora.

Naquele dia, não seria um pouco semelhante a ir em frente com a graça, a coragem, a confiança e a gratidão que Mark, Myu, Andrew, Charles Wesley e tantos outros demonstraram? E como seria mais importante ainda se o tom de adoração daquele momento fosse simplesmente um reflexo daquilo que as nossas histórias foram até aquele ponto? Que navegamos em meio às tempestades desta vida frágil com esperança inabalável, confiança resoluta e um coração de agradecimento e louvor irrefreáveis.

Quando o fim se aproxima, os nossos últimos suspiros aqui neste mundo se transformarão nas primeiras notas da nossa canção no céu. Neste momento, contamos as nossas bênçãos e as especificamos uma a uma. Naquele dia, nós as contaremos de dez mil em dez mil.

"10.000 razões"

Bendiga o Senhor, ó minha alma
Ó minha alma
Adore seu santo nome
Cante como nunca cantou
Ó minha alma
Adorarei o teu santo nome

O sol nasce
Há um novo amanhecer
É tempo de cantar a tua música outra vez
Não importa o que acontecer
E o que eu tiver de atravessar
Quero estar cantando
Quando a noite chegar

Bendiga o Senhor, ó minha alma
Ó minha alma
Adore seu santo nome
Cante como nunca cantou
Ó minha alma
Adorarei o teu santo nome

És rico em amor
E sempre misericordioso
O teu nome é grande
E o teu coração generoso
Por toda a tua bondade
Continuarei a cantar
Dez mil razões
Para o meu coração encontrar

Bendiga o Senhor, ó minha alma
Ó minha alma
Adore seu santo nome
Cante como nunca cantou
Ó minha alma
Adorarei o teu santo nome

E naquele dia
Em que a minha força falhar
Quando o fim se aproximar
E a minha hora chegar
Ainda assim a minha alma cantará
Um louvor a ti que não terá fim
Dez mil anos
E depois eternamente
Eternamente

Bendiga o Senhor, ó minha alma
Ó minha alma
Adore seu santo nome
Cante como nunca cantou
Ó minha alma
Adorarei o teu santo nome

Bendiga o Senhor, ó minha alma
Ó minha alma
Adore seu santo nome
Cante como nunca cantou
Ó minha alma
Adorarei o teu santo nome

Sim, adorarei
O teu santo nome
Senhor, adorarei o teu santo nome

Sessão de perguntas e respostas com Matt Redman

Sobre o processo da composição

Craig Borlase: Você sempre soube que um dia seria compositor?

Matt Redman: Não. Quando eu estava em fase de crescimento, não tinha ideia do que faria na vida profissionalmente. Mas pensei que provavelmente acabaria lidando com palavras de um jeito ou de outro. Eu adorava palavras, mesmo quando criança na escola. Adorava jogo de palavras e escrevi poesias bem antes de compor músicas.

A Bíblia fala muito sobre o poder das palavras, são apenas sobre como nós as moldamos e as usamos, mas como Deus faz isso também. O salmo 33 diz: "Mediante a *palavra* do SENHOR foram feitos os céus" [grifo nosso]. Que pensamento incrível! Deus fala, e as coisas passam a existir. Gosto muito da ideia de que a formação das palavras é uma parte importante do processo de criação de Deus.

O primeiro ato criativo de um ser humano nas Escrituras é quando Deus convida Adão a dar nome aos animais — de novo, um jogo de palavras. Deus nos convida a participar de seu processo criativo. Ele poderia ter dado nome aos animais com muito mais facilidade, porém é uma questão de relacionamento — Deus está nos envolvendo nesse ato criativo.

Naquele momento, Adão passa a ser um criador de palavras e as entrelaça no que ele vê — todas aquelas criaturas diferentes.

Surpreendo-me ao ver que, de muitas maneiras, estamos fazendo a mesma coisa quando compomos músicas de adoração: Deus revela uma parte de sua misericórdia ou de sua santidade e tentamos dar um nome a ela da melhor maneira possível, juntando algumas palavras para descrever o que estamos vendo. Nunca temos de inventar nada — estamos apenas entrelaçando as nossas palavras à natureza e ao caráter de Deus, e a todos os seus atos gloriosos.

CB: Então, você é antes de tudo um compositor e depois um músico?

MR: Adoro música, e sou capaz de compor parte da melodia. Mas tenho percebido cada vez mais que sou mais forte na letra, e ela é o aspecto da música que mais me fascina. É muito mais provável que eu acorde de manhã com uma letra na cabeça do que com uma melodia. E sou tão abençoado que trabalho com muitos coautores para os quais o oposto é verdadeiro. Eles trazem muitas ideias melódicas à mesa.

É essencial que a música seja boa, como uma representação da arte e como um meio de as pessoas se conectarem com a canção, mas penso que, nas músicas de adoração, é essencial que a música sirva à letra. São as palavras que deixarão um efeito duradouro no coração, na mente e na alma das pessoas.

Uma em 50 pessoas me dirá que foi tocada pela melodia ou pela música, mas quase sempre é a letra que deposita algo valioso no coração de alguém. Se as canções forem repletas da verdade de Deus, conforme revelado em sua Palavra, terão o poder de transformar vidas. Quando as pessoas dizem que a letra de uma música as ajudou a dizer a Deus algo que elas não sabiam como dizer, esse é para mim o maior dos encorajamentos.

CB: Isso chega a pressionar as canções que você faz?

MR: Há definitivamente um senso de responsabilidade. Não é possível que tudo flua e derrame de modo espontâneo — dizendo que tudo o que chega a você é uma enxurrada inconsciente de criatividade. Os compositores de músicas de adoração precisam levar a sério o fato de que estão lidando com a verdade de Deus e dizendo às pessoas quem ele é; portanto, há um desafio para descrevê-lo da melhor maneira possível. Estou consciente de que alguém pode participar de um culto na igreja e cantar algumas músicas, e nisso você está dando àquela pessoa uma descrição de quem é Deus. É uma responsabilidade e tanto.

Esta é uma analogia interessante: os especialistas dizem que, nos últimos cinquenta anos, os vegetais vendidos no Reino Unido perderam, em média, 24% de magnésio, 27% de ferro e 46% de cálcio. Pensamos que estamos ingerindo comida boa e saudável e, é claro, de alguma forma estamos, mas talvez não alimentos tão nutritivos quanto imaginamos.

É apaixonante saber que não temos de ir ao mesmo lugar com as nossas músicas de adoração no qual tudo é fascinantemente musical, há novas melodias e sons surgindo, mas, quando olhamos para a "dieta" geral, ela não é tão saudável como pensamos.

Há aparentemente uma ligação entre a qualidade dos vegetais cultivados atualmente e a qualidade do solo; não existem os mesmos nutrientes no solo como antigamente. Tudo gira em torno daquilo no qual estamos enraizados, de onde estamos crescendo — e as músicas de adoração precisam ter raízes na Palavra de Deus. Músicas ricas fluem de compositores expostos à riqueza da Palavra de Deus.

CB: Por onde você começa?

MR: Bom, é claro que a gente pode pegar apenas um trecho da Bíblia e compor uma música com base nesse trecho, mas esse não é um método que funciona bem para mim. Ao meu ver, o melhor exemplo vem de Eugene Peterson quando ele fala sobre a oração em seu livro *Under the Unpredictable Plant* [Sob a planta imprevisível]. Ele descreve a vida de Jonas e sua fervorosa oração quando ele estava no ventre do grande peixe. Peterson diz que o mais fascinante é que nenhuma palavra ou expressão daquela oração inteira é exclusiva de Jonas. Elas provêm dos salmos, e não apenas uma ou duas, mas muitas, todas misturadas atabalhoadamente.

Jonas estava sendo dirigido pela verdade e pela revelação de Deus. Trata-se de um transbordamento apaixonado do coração, mas cada parte é impregnada da Palavra de Deus. Para mim, esse é o modelo insuperável para a composição da música. Precisamos estar tão familiarizados com a verdade de Deus que, nos nossos momentos mais intensos, sejam de alegria ou de dor, as nossas músicas de paixão pelo Senhor devem ser impregnadas da revelação de Jesus, conforme encontramos na Bíblia.

CB: Você já fez uma retrospectiva sobre as suas músicas e achou que lhes falta nutrição?

MR: O tempo todo. Há sempre coisas para aprender, coisas que eu teria feito de modo diferente. Mas a tensão interessante de compor uma música de adoração é que, mesmo antes de começar, você sabe que não vai atingir totalmente o alvo ou não vai alcançar o lugar aonde quer chegar. Toda música deixa de atingir o alvo em razão do assunto com o qual você está lidando. É praticamente impossível captarmos a glória de Deus, o brilho de quem ele é, a profundeza de sua misericórdia e a altura de sua grandeza e santidade nas nossas músicas pequenas e singelas. Não há como.

Em 2Crônicas 2, o rei Salomão está prestes a construir um templo grandioso para Deus. Alguns versículos depois, ele diz: "Mas quem é capaz de construir um templo para ele, visto que os céus não podem contê-lo, nem mesmo os mais altos céus?".[11] A mesma tensão existe quando estamos compondo músicas de adoração. Vemos uma parte ínfima da glória de Deus e queremos descrevê-lo como glorioso e grandioso, mas, no fundo, sabemos que não podemos contê-lo em uma música ou fazer-lhe justiça com algumas palavras ou uma melodia. Derramamos o coração, lutamos pela música e pela letra — e damos o melhor que temos. Pintamos um quadro grande e verdadeiro da melhor forma possível, sabendo o tempo todo que tudo não passa de uma alusão, um fraco vislumbre de quem Deus realmente é. Essa é a tensão saudável de viver como compositor de música — e eu gosto disso.

Alguns anos atrás, escrevi a vários pastores, pregadores e teólogos, perguntando o que faltava na nossa dieta de adoração, e quais eram os ingredientes e temas inexistentes que precisávamos incluir para realizar um trabalho melhor na nossa adoração por meio de cânticos. A resposta principal que recebemos foi: a natureza trina de Deus. É essencial para a nossa fé que Deus seja compreendido como Pai, Filho e Espírito Santo, mas, se você observar as músicas que a igreja mais tem cantado nos últimos anos, verá que esse ingrediente está sendo grandemente esquecido.

CB: Por quê?

MR: O meu amigo Christopher Cocksworth, bispo de Coventry, disse que às vezes uma área como a teologia da Trindade deixa os compositores nervosos; para nós, essa área é comparável a algo como a matemática avançada, que deve ser encarada apenas pelos teólogos. Mas ele disse que precisamos ter um pouco mais de confiança nesses assuntos. Por exemplo, a partir do momento em que você se tornou

[11] V. 6. [N. do T.]

cristão, também se tornou um teólogo trinitário, porque o Espírito Santo o iluminou para saber quem Cristo é, e depois, em Jesus, com Jesus e por meio de Jesus você chegou ao Pai. Você foi envolvido nesse mistério desde aquele instante. Que belo pensamento!

Assim que submetemos as músicas para uso da congregação, temos de levar isso a sério. Temos de pensar em como podemos descrever Deus da melhor forma possível — com reverência e extrema consideração. Nos dias de hoje, muitas pessoas passam a compor canções de adoração usando o caminho da música. Isso não é prejudicial, mas acho interessante ver que muitos compositores de hinos antigos usaram a ordenação e o treinamento em teologia como caminho. A nossa grande necessidade atual é precisão teológica — e uma riqueza e profundidade nas nossas músicas que descrevam o grande quadro de quem é Deus e o que ele tem feito, com o máximo de cores e criatividade que pudermos adotar.

Precisamos dar atenção especial a essa área. Ouvi um pregador exortar os compositores: "Não digam que as coisas são maravilhosas. Digam coisas maravilhosas". Em outras palavras, não usem a esmo um amontoado de superlativos a respeito de Deus — use-os, sim, mas lhes deem um contexto. Apresentem os motivos pelos quais Deus é completamente digno de adoração. Por exemplo, seus atributos, suas obras, seus nomes e seu coração.

CB: Os compositores de hinos têm tido um efeito importante sobre você?

MR: Como compositor, eu diria que, com exceção da Bíblia, provavelmente eles têm sido os meus melhores professores. Você vê um homem como Charles Wesley, que compôs todos aqueles milhares de hinos, e depois comprovou o que cantava passando a vida com Cristo. Ou uma compositora de hinos como Fanny Crosby, que superou seus problemas de cegueira com uma vida de adoração, esperança e alegria. E digo mais: adoro o modo pelo qual eles compuseram a respeito de tantos temas.

Li sobre a ocasião em que Wesley foi pego no meio de um pequeno terremoto e aparentemente sua reação foi a de compor "nada menos que 17 hinos", todos falando sobre o momento. Ele escreveu que as coisas na terra são muito frágeis, temporárias e enganosas, mas as coisas de Deus são eternas e inabaláveis.

Outro exemplo, o da poetisa e compositora de hinos Frances Havergal, mais conhecida por seu hino "Take My Life and Let It Be Consecrated" ["Pega a minha vida e a consagra"]. Ela enfrentou muitas enfermidades e dores físicas, e morreu aos 42 anos de idade. Mas, surpreendentemente, um de seus temas principais foi a soberania de Deus. A composição de que mais gosto se chama "Disappointment" ["Desapontamento"]. Uma das 20 estrofes da música diz:

Os nossos planos desfeitos podem ser,
Mas podemos descansar em calma,
O que Deus determinou com seu poder
É o melhor que existe para a nossa alma.

Esses quatro versos simples contêm uma verdade profunda. A estrofe não menciona diretamente a soberania de Deus, mas revela esse tema grandioso de forma inspiradora e poética. Para mim, o melhor de tudo é que não há nada complicado na letra; no entanto, há algo inerente ali. A letra é profunda e acessível. Penso que este é o desafio de cada compositor de música de adoração: conseguir compor uma música simples, mas de forma alguma superficial.

Outro grande exemplo é William Cowper, que escreveu o hino "God Moves in a Mysterious Way" ["Deus se move de forma misteriosa"]. É um dos melhores hinos que aborda o tema da soberania de

Deus — no sentido de que Jesus governa e reina sobre cada detalhe da nossa vida e tem um plano para nós. Gosto muito desta estrofe desse hino antigo:

Seus propósitos logo amadurecerão,
Revelando cada hora.
O broto pode ter um gosto amargo,
Mas a flor será doce.

O que mais me impressiona é que essas palavras foram escritas por um homem que travou lutas enormes contra a depressão. Portanto, suas palavras não são apenas poéticas e profundas; são também um sacrifício de louvor. Ele está em um lugar de aflição e, ao compor esse hino, diz: "Eu creio em ti, Senhor, e creio na tua soberania". Essa não é apenas uma composição brilhante — é uma composição que vem de sua vida. É uma confissão corajosa e valiosa sobre a verdade e o louvor, contra todas as dificuldades. Esses hinos antigos e suas histórias nos ensinam repetidas vezes muitas coisas sobre o que significa não apenas compor músicas de adoração, mas também como ter uma vida de adoração.

CB: Há um vídeo muito conhecido de Eugene Peterson e Bono que fala sobre os salmos. Bono diz que "desconfia de falta de realismo" na adoração moderna. Você acredita que alguém que conhece a sua história, ou leu o seu livro, sabe que as suas músicas são sempre pessoais?

MR: Tenho essa maneira de agir porque as músicas sempre foram uma forma de processar um sofrimento, portanto sempre incluí um elemento de realismo nelas. E tenho notado sempre que a música se conecta mais com as pessoas quando tento compô-las dessa maneira. O segredo está em ser pessoal e apaixonado, para que a música seja um transbordamento completo do coração, mas, ao mesmo tempo, em não ser específico demais a ponto de as pessoas não conseguirem ligar suas histórias à letra.

A adoração deve considerar a vida como um todo — os altos e baixos, as lutas e alegrias. E encontramos tudo aquilo de que necessitamos a esse respeito nas páginas das Escrituras.

Certa vez, ouvi um homem chamado Gerard Kelly dizer: "Se você acha que a ideia de enraizar a composição musical na Escritura é limitada, então você não entende realmente qual é o significado das Escrituras". Penso que esse é um argumento válido. É fácil distorcer as coisas, amenizar o que sentimos por parecer forte demais. Mas talvez devamos ser um pouco mais extremistas. Há raiva nas palavras dos salmos, mas nunca ouvi raiva nos cânticos de adoração de hoje.

No entanto, esse não é um assunto fácil de compreender, porque, pelo fato de querermos também que as coisas sejam reais e sem rodeios, estamos tentando ajudar as pessoas a caminharem juntas e a manter tudo da forma mais agregada possível. Mas vamos pegar o exemplo da injustiça, um assunto em torno do qual todos nós podemos nos unir: todos nós podemos cantar uma música de adoração que fale sobre a raiva de Deus (e a nossa) contra a injustiça. Há muitas tendências na igreja de hoje que estão intensificando esforços a favor do bem e na defesa dos marginalizados, humilhados e oprimidos, refletindo o coração de Deus em relação à justiça social.

Talvez um desses temas deva ser mostrado também nas nossas músicas. Que tal cantarmos como Jesus derrubou as mesas no templo, irou-se contra as práticas injustas dos cambistas, e compararmos essa atitude do Senhor com o que acontece hoje na nossa sociedade? A verdade é que precisamos retratar da melhor forma possível o caráter total de Deus, que é um leão em fúria, bem como um cordeiro sacrificial. Vamos voltar ao que falamos antes, pintando o quadro inteiro em vez de apresentar ao povo um Deus passivo e descompromissado.

Seria uma tragédia se as pessoas ouvissem toda essa música rude e apaixonada do lado de fora da igreja e, ao entrar no templo, vissem que parecemos entediados a respeito de Deus e letárgicos a respeito da vida. Os compositores de músicas de adoração precisam ser apaixonados e intencionais: apaixonados para que suas músicas explodam de emoção e energia, mas também devem ser intencionais para que as músicas sejam compostas para ajudar as pessoas a verem o quadro verdadeiro do inigualável Deus de glória e graça revelado nas Escrituras.

CB: Que experiências os compositores mais antigos poderiam transmitir aos novos compositores para fazê-los pensar no assunto?

MR: A principal é permitir que outras pessoas façam parte do processo. É muito fácil a pessoa criativa querer fazer tudo sozinha. Sinceramente, era assim que eu fazia. Eu era muito sensível e inseguro a respeito das minhas músicas e não permitia que os outros se intrometessem no desenvolvimento de uma canção.

Acho mais fácil trabalhar sozinho, porque não preciso baixar a guarda ou negociar. Mas é muito melhor convidar pessoas para fazerem comentários, apresentarem reações verdadeiras ao nosso trabalho — e, claro, serem coautoras e colaboradoras. É um desafio grande demais querer fazer tudo sozinho. Se queremos cavar fundo, tanto na teologia quanto na criatividade, precisamos entender que "somos melhores juntos".

Podemos incentivar uns aos outros a ser melhores compositores e melhores adoradores. Quase todas as músicas que componho atualmente possuem um coautor, e sei que as minhas músicas nunca chegariam aonde chegaram sem a colaboração e a perspectiva de outras pessoas. A música "10.000 razões" é um enorme exemplo disso — a maneira como nasceu fala muito sobre colaboração; ela surgiu de uma amizade e parceria de composição nas quais investimos.

CB: Qual o maior desafio de ser compositor de músicas de adoração?

MR: O principal desafio é ter certeza de que aquilo que estamos cantando ou compondo nunca se separará do que estamos vivendo. A música é uma parte extraordinária da bênção e da presença de Deus neste mundo, e uma forma poderosa de falar com Deus na nossa adoração; porém, em si mesma, nunca é suficiente. Não podemos tentar compor músicas maravilhosas com sons maravilhosos e ter uma vida incoerente com o que estamos cantando.

Agostinho advertiu: "Não permita que a sua vida prove o contrário do que sua língua diz. Cante com a sua voz, cante também com o seu coração. Cante com a sua boca, cante também com a sua conduta".

Às vezes, quando estamos cantando uma música de adoração, sentimos um momento precioso e valioso com Deus. Mas temos de lembrar a nós mesmos que isso só é verdadeiramente valioso se sairmos desse lugar e praticarmos o que estamos cantando. Lembro sempre a mim mesmo: cantar é relativamente fácil — a prova está sempre no modo de viver.

Esta obra foi composta em *Adobe Caslon Pro*
e impressa por BMF sobre papel
Offset 70 g/m² para Editora Vida.